Die Sauerei geht weiter ...

Jörg Nießen

Die Sauerei geht weiter...

20 neue wahre Geschichten vom Lebenretten

Mit Illustrationen von Jana Moskito

SCHWARZKOPF & SCHWARZKOPF

INHALT

VORWORT
Schön, dass Sie wieder da sind … 9

1. NOTFALL
Papierkrieg
Herr Bohrs lässt mal die Seele baumeln 13

2. NOTFALL
Die Havannasuite
Die Alarmierung erfolgt zum denkbar
ungünstigsten Zeitpunkt 23

3. NOTFALL
Tabubruch im Seniorenpark
Je oller, desto doller 35

4. NOTFALL
Verdachtsdiagnosen
Herrn Ibn Saleh ist übel 45

5. NOTFALL
Der Wasserschaden
Eine Hilfeleistung – und eine pädagogische
Meisterleistung à la Hein 57

6. NOTFALL
Das Festival
Eine Geschichte über einen Hardcore-Fan, einen Höhlentroll,
ein Pop-Sternchen und eine Bisswunde 67

7. NOTFALL
Koblenz – Köln – Düsseldorf – Rotterdam
Eine Gourmetkreuzfahrt auf dem Rhein 81

8. NOTFALL
Der Mensch denkt – Gott lenkt
Ein Verkehrsunfall verändert die Sachlage 89

9. NOTFALL
Einer der gefährlichsten Orte im Haushalt ...
Herr Bützje sieht sich gezwungen zu putzen 99

10. NOTFALL
In the Heat of the Night – erster Teil
Eine ganz normale Partynacht –
na ja, bis auf die Fliegenklatsche 111

11. NOTFALL
Die Bienen
Frau Korbmacher wurde gestochen 129

12. NOTFALL
Eingeklemmt
Das unschuldige Spiel der Kinder
verläuft nicht immer wie geplant 143

13. NOTFALL
Der Kongress
Eine Begegnung mit zum Teil unfreundlichen Damen 153

14. NOTFALL
Kleine Ursache — große Wirkung
Die Eskalation einer Schnittwunde 161

15. NOTFALL
In the Heat of the Night — zweiter Teil
Auch die Brandschutzabteilung wird nicht von
kuriosen Sommernächten verschont 173

16. NOTFALL
Psychose
Die Akutbehandlung mancher Störung
braucht hin und wieder Fantasie 189

17. NOTFALL
Die hohe Kunst der Kommunikation
Hein gibt sein Bestes 203

18. NOTFALL
Eine Kinderkrankheit wird zur Ausnahmesituation
Manche trifft es eben zweimal 215

19. NOTFALL
Betriebsausflug
Wehe, wenn sie losgelassen 227

20. NOTFALL
Falscher Alarm
Nicht jeder Notruf verdient auch seinen Namen 239

Vorwort

Schön, dass Sie wieder da sind ...

*Die biologische Evolution hat kein Ziel,
es sei denn, das der Vielfalt der Lebensformen.*
Joachim Paul über S. J. Goulds Thesen

Es ist so weit, liebe Leserinnen und Leser. Sie halten die Fortsetzung von *Schauen Sie sich mal diese Sauerei an* in den Händen. Der unerwartete und nicht weniger überwältigende Erfolg war für mich als Autor Antrieb und Verpflichtung zugleich, weitere Kurzgeschichten zu schreiben. Erneut möchte ich Sie auf unterhaltsame Weise in die Welt der Feuerwehr und des Rettungsdienstes entführen.

Bitte wundern Sie sich nicht: Auf vielfachen Wunsch spielt die Feuerwehr in einigen Anekdoten eine etwas größere Rolle. Das Gros der Geschichten handelt aber erneut von skurrilen Rettungsdiensteinsätzen; manchmal gehen die Angelegenheiten allerdings auch ineinander über – eben wie im richtigen Leben.

Der Titel *Die Sauerei geht weiter* enthält mehr als nur ein Fünkchen Wahrheit. Ich gehe sogar so weit, zu sagen: Das wird sie immer tun. Im Mikrokosmos von Feuerwehr und Rettungsdienst wird es immer Einsätze geben, über die es sich zu schreiben lohnt.

Diesmal erwarten Hein und mich verunfallte Pianisten, brennende Vereinsheime, pädagogisch wertvolle Wasserschäden, schräge Psychosen und dramatische Kinderkrankheiten, um den Inhalt einiger Storys nur kurz anzureißen. Auch altbekannte Protagonisten aus *Schauen Sie sich mal diese Sauerei an* sind wieder mit dabei, es sind aber auch neue hinzugekommen. Da sind zum Beispiel Ralf und Noah, meine Zugführer im Brandschutz, oder Herr Schoppmann, der die Gesamtverantwortung für unsere Wache trägt. Doch keine Angst. Sollten Sie mein erstes Werk wider Erwarten nicht gelesen haben, so tut das dem Verständnis keinen Abbruch. Die Geschichten sind alle in sich geschlossen und benötigen keinerlei Vorkenntnisse.

Sie brauchen übrigens auch keinerlei medizinische oder feuerwehrtechnische Vorbildung. An dieser Stelle sei aus gegebenem Anlass betont, dass es sich nicht um ein Fachbuch handelt. Das Werk, das Sie in Händen halten, dient ausschließlich der Unterhaltung.

Die 20 Geschichten in diesem Buch beruhen auf wahren Begebenheiten. Der ein oder andere wird wieder sagen: »Na ja, das entspringt wohl eher der Fantasie des Autors«, ich aber versichere Ihnen, dass die Fantasie des Lebens die meine bei Weitem übersteigt. Natürlich wurden auch in diesem Buch aus gut nachvollziehbaren Gründen Namen, Personen, Orte und Handlungsabläufe verändert oder verfremdet. Übereinstimmungen mit lebenden oder toten Personen sind rein zufällig.

Jetzt aber rein in den Rettungswagen – und viel Spaß beim Lesen!

Jörg Nießen

PS: Eine blaue Glühbirne in Ihrer Leselampe gibt der ganzen Lektüre ein viel authentischeres Flair.

1. Notfall

Papierkrieg

Herr Bohrs lässt mal die Seele baumeln

Organisationen ab 1000 Leuten können sich sehr gut mit sich selbst beschäftigen. Da stört der Kunde nur. Klaus Höfner

Jack Welch, amerikanischer Topmanager und ehemaliger CEO von General Electric, hat einmal gesagt: »Bekämpft die Bürokratie im Unternehmen! Hasst sie! Tretet ihr in den Hintern! Brecht sie!« Da kommunale Strukturen – und die Feuerwehren sind in aller Regel solche – sich in vielerlei Hinsicht heute als Unternehmen verstehen, würde ich mir wünschen, dass oben genannter Aufruf auch bei Feuerwehren in die Tat umgesetzt würde.

Mit Feuer löschen, Notfallpatienten versorgen, Übungen durchführen und den Wachalltag organisieren ist es ja leider nicht getan. Über all das muss selbstverständlich ein Einsatzbericht geschrieben bzw. Buch geführt werden.

Feuerwachen ersticken zum Teil in Akten und Dokumentation, und wo es Akten gibt, da gibt es auch Listen, und bei uns gibt es sogar Listen für die Listen. Dokumentation ist notwendig und sinnvoll, aber wie bei allem im Leben bestimmt das Maß der Dinge die Sinnhaftigkeit.

Kombiniert wird diese Berichts- und Dokumentationswut mit Konzepten und Standardabläufen. Selbstverständlichkeiten werden schriftlich formuliert, und Algorithmen sind der Weisheit letzter Schluss, und damit dieses Vorgehen auch von niemandem infrage gestellt wird, bekommt das Kind noch einen amerikanischen Namen und heißt jetzt »Standard Operating Procedure« oder kurz SOP.

Genau eine solche SOP hatte mir heute Morgen im übertragenen Sinne das Genick gebrochen. Da stand ich nun bei Herrn Schoppmann, unserem Wachenleiter, im Büro und empfing meine verdiente Standpauke: »Was glauben Sie eigentlich, wer Sie sind?« – »Äh, das ist wohl kaum eine Frage des Glaubens, oder?«, unterbrach ich ungewollt, denn manchmal ist mein Mund schneller als mein Kopf. »Ihre rhetorischen Spitzfindigkeiten werden Ihnen noch vergehen, Sie haben heute Morgen SOP 013/09 – Überprüfung von Fahrzeugen – missachtet!«, klagte Herr Schoppmann lauthals an. »Ich wurde durch einen Einsatz unterbrochen«, versuchte ich mich zu rechtfertigen. »Keine Ausreden, bitten Sie lieber um eine harte und gerechte Strafe, eine solche Schlampigkeit werde ich Ihnen nicht durchgehen lassen!«, erwiderte mein Wachenleiter erbost, dem man in solchen Momenten seine achtjährige Bundeswehrvergangenheit deutlich anmerkte.

Um einen Rettungswagen nach Dienstantritt gründlich zu überprüfen, braucht man circa eine Stunde, und muss dies anschließend schriftlich dokumentieren. Man könnte jetzt meinen, da reicht eine Unterschrift – nein es braucht drei, 1. technischer Zustand des Fahrzeugs, 2. Vollständigkeit und Funktionalität der medizinischen Geräte und 3. Vollständigkeit und Verfallsdaten der Medikamente, und natürlich braucht es auch drei Formulare, es sind ja bei Unregelmäßigkeiten auch drei verschiedene Abteilungen involviert. Wer keine Arbeit hat, der macht sich eben welche.

Aber was war überhaupt geschehen? Am heutigen Morgen hatte ein tolldreister Bürger mit Herzinfarkt mich bei der Ausübung meiner bürokratischen Pflichten unterbrochen und mich so zur Missachtung der SOP 013/09 und einer unvollständigen Dokumentation verleitet: Überprüft hatte ich alles, aber es fehlten die Unterschriften.

»Sie sind jetzt schon wieder zwei Stunden auf der Wache, Sie hatten Gelegenheit genug, Ihren Schreibkram zu erledigen. Wissen Sie überhaupt, was so ein Fehler auslösen kann? Was für Dominoeffekte da entstehen können!? Wenn ich nur an Haftungsfragen denke, wird mir schlecht ...«, setzte Herr Schoppmann seine Tirade fort. »Ja, ja, es wäre echt schön bei der Feuerwehr, wenn nur die Einsätze nicht wären. Dann würden wir es auch schaffen, den Papierkram zu erledigen. – Ah, Ihr Haus brennt? Hochinteressant! Wir kommen, sobald der Einsatzbericht bezüglich einer Ölspur fertiggestellt ist!«, brach es trotzig aus mir heraus. »Auch noch frech werden, Sie subversives Element – raus hier!« Mit diesen Worten und der Ankündigung, im Wiederholungsfall über disziplinarische Maßnahmen nachzudenken, wurde ich aus dem Büro hinauskomplimentiert.

Hein wartete schon auf mich und trank gerade einen heißen Schluck schwarzen Kaffee, als ich vor die Tür gesetzt wurde. Er setzte die Tasse ab, schüttelte ironisch den Kopf und äffte den Chef nach: »Was für Dominoeffekte da entstehen können! Der Flügelschlag eines Schmetterlings in Paderborn kann im Südchinesischen Meer einen Taifun auslösen!«, setze er noch triumphierend obendrauf. Wir standen noch vor dem Büro des Wachenleiters, als der akustische Alarm ertönte und Hein und mich zum Einsatz rief: »Suizidversuch! Auf der Reiß 7, bei Bohrs. Einsatz für den Rettungswagen. Suizidversuch! Auf der Reiß 7, bei Bohrs. Einsatz für den Rettungswagen. Der Notarzt kommt aus dem Nachbarbezirk!«, tönte eine das R rollende Stimme aus dem Wandlautsprecher. »Jetzt aber zackig! Ich habe keine Lust, dass der Alte mir noch 'ne Zigarre wegen zu langsamen Ausrückens anbietet!«, mahnte ich Hein zur Eile und lief Richtung Fahrzeughalle.

Hein, der sonst ein wandelnder Stadtplan bzw. ein lebendes Navigationsgerät ist, kannte ausnahmsweise nicht die exakte Anfahrt zur angegebenen Adresse. »Heinsberger Straße, dann links die K12 bis zum Kreisverkehr, zweite Ausfahrt in die Lindenallee und davon die dritte links ins Neubaugebiet«, beschrieb ich den Straßenverlauf, während ich auf der Karte mit dem Zeigefinger dem Routenverlauf folgte. Da vorne links und wir sind da«, rief ich kurz darauf und deutete auf eine Straßenmündung.

Die besagte Adresse war nicht schwer zu finden. Vor dem Haus hatte sich eine Menschentraube versammelt, die gestikulierend und diskutierend die Haustüre versperrte. Hein brachte den Rettungswagen zum Stehen, wir stiegen aus und bahnten uns einen Weg durch die Anwesenden.

»Er war ja damals in russischer Gefangenschaft« – »zwei Söhne« – »früher Schiedsrichter in der Kreisliga« – »die Frau ist doch schon vor vier Jahren gestorben« – »quasi mein Großonkel«, und ähnliche Gesprächsfetzen ließen mich vermuten, dass es sich um Verwandtschaft und Nachbarn handelte. Wir betraten das Haus. Es roch merkwürdig, fast penetrant nach Vanille, doch bevor mich der Ursprung des Geruchs wirklich interessieren konnte, wurden wir von noch mehr Familie und Nachbarschaft ins Wohnzimmer gelotst.

Dort angekommen, erblickten wir auf dem Dielenboden einen umgestürzten Holzstuhl und einen circa 80-jährigen Mann, der einen schwarzen Anzug trug und offensichtlich tot war. Hein kniete sich neben den Herrn und überprüfte Pupillen und eventuell bereits vorhandene Leichenstarre. Ein eindeutiges Nicken signalisierte, dass es, was den vermeintlichen Suizid betraf, nicht beim Versuch geblieben war. Ein dünnes Seil umgab oberhalb von Krawatte und weißem Hemdkragen den Hals des Mannes und ließ vermuten, wie der Selbstmord abgelaufen war.

»Und nahm die Toten von den Strängen, dass sie so nicht länger hängen …!«, zitierte einer der Anwesenden frei aus Wilhelm Buschs *Max und Moritz* und deutete mit dem Zeigefinger Richtung Zimmerdecke. Dort war ein zweckentfremdeter Haken sichtbar, der seit Jahr und Tag das Gewicht einer Lampe getragen hatte, an dem jetzt aber nur noch ein knapper Meter Seil baumelte.

»Wer von Ihnen hat denn das Seil durchtrennt?«, fragte Hein in die Runde der Anwesenden. »Hier, ich!«, antwortete ein Mann um die 60 Jahre und hob dabei die Hand. »Michalski mein Name, aber mich nennen alle Michi. Ich bin der Nachbar von links nebenan. Normalerweise bringe ich ihm um diese Uhrzeit immer meine ausgelesene Tageszeitung, da hab ich ihn gefunden – baumelnd. Dann hab ich das Seil durchgeschnitten, die Knoten hab ich aber nicht verändert! Das hab ich mal bei XY im Fernsehen gelernt. Ich hab auch schon die Kinder angerufen, die müssten so in 15 Minuten eintreffen«, fuhr er ausführlich fort. »Wann haben Sie denn den Herrn genau gefunden? Und wissen Sie irgendetwas über Krankheiten oder Umstände, die zum Selbstmord geführt haben könnten?«, forschte Hein weiter.

Während Hein versuchte, Informationen zu sammeln, telefonierte ich mit der Leitstelle, um unseren Notarzt über die Sachlage zu informieren und abzuklären, ob die Polizei ebenfalls alarmiert war. Derart gelagerte Fälle machen in aller Regel Ermittlungen der Kriminalpolizei notwendig, schließlich kann kein Rettungsassistent und auch kein Notarzt beurteilen, ob der arme Herr Bohrs sich wirklich selbst an den Haken begeben oder ob ihm jemand bei diesem letzten Gang geholfen hatte.

Notarzt und Polizei trafen wenige Minuten später fast zeitgleich ein. Die Polizei sortierte die Anwesenden zunächst nach möglichen Zeugen und interessierten Mitmenschen und schaffte damit zunehmend Platz in der Wohnung. Hein übergab seine bisherigen Erkenntnisse an einen der Beamten, während sich unser Notarzt der Begutachtung des Leichnams widmete. Hein hatte in Erfahrung gebracht, dass in der Küche wohl eine Art Abschiedsbrief lag, den er nun holen wollte, als zwei Herren das Wohnzimmer betraten.

»Guten Tag. Albert und Hartmut Bohrs, wir sind die Söhne des Verstorbenen«, stellte einer der Herren sich und seinen Bruder nüchtern vor. »Herzliches Beileid«, wünschte unser Notarzt höflich. »Die Situation erklärt sich ja leider augenscheinlich selbst«, bemerkte er noch, bevor er einige Fragen über mögliche Ursachen des Freitods und den Gesundheitszustand des Patienten stellte. Die Antworten waren leider nicht erschöpfend, ein paar altersentsprechende Zipperlein, aber nichts, was normalerweise jemanden in den Selbstmord treibt. Auch die Polizisten stellten nun Fragen, es wurde der familiäre Hintergrund beleuchtet und diskret, aber zielgerichtet Freund und Feind des Toten erkundet.

»Unsere Mutter ist vor vier Jahren an einem Herzinfarkt verstorben, seitdem lebt unser Vater allein. Er versorgt sich weitgehend selbst, beziehungsweise sorgt dafür, dass er versorgt wird. Er hält uns und die Nachbarschaft ganz schön auf Trab. Im letzten Jahr hat er drei Zivildienstleistende verschlissen. Kommandieren konnte er schon immer gut, er war früher Filialleiter in einem Supermarkt. Wirklich beliebt war er nie, weder bei Kollegen noch Nachbarn. Ein kleiner Despot, Pedant und Erbsenzähler, aber irgendwie konnte man ihm nie etwas abschlagen, er hatte ein Talent, bei jedermann ein schlechtes Gewissen zu hinterlassen, selbst wenn man ihm einen Gefallen getan hatte«, beschrieb Albert Bohrs seinen Vater wenig schmeichelhaft.

»Vielleicht kommen die Herren mal herüber. Hier erklärt sich, glaube ich, einiges!«, meinte Hein, der inzwischen in der Küche nach dem Abschiedsbrief gesucht hatte. Die Polizisten, der Notarzt und die Gebrüder Bohrs drängten neugierig in den kleinen Raum. Eigentlich eine ganz normale langweilige Küche, aber interessant war das, was auf dem Küchentisch ausgebreitet war.

Es war ein Testament der besonderen Art. Alle Papiere und Gegenstände waren mit kleinen bunten Klebezetteln versehen, auf denen Handlungsanweisungen für verschiedene Personen notiert waren.

- ADAC-Mitgliedschaft, grüner Zettel, Hartmut: abmelden!
- Allianz-Lebensversicherung, roter Zettel, Albert: Kopie der Sterbeurkunde hinschicken!
- Goldener Siegelring, gelber Zettel, für Michi!
- Abonnement Fernsehzeitung, grüner Zettel, Albert: kündigen!
- Fahrzeugbrief und Fahrzeugschein mit einer Büroklammer verbunden, gelber Zettel, Hartmut: abmelden!

- Schatulle mit Silberschmuck, roter Zettel, für Rosemie!
- Auszug aus Aktiendepot, roter Zettel, Albert: auflösen!
- Armbanduhr, gelber Zettel, für Michi!

Alles in allem fanden sich circa 40 Anweisungen, die vor allem die Brüder Albert und Hartmut betrafen. Beim Betrachten des Gesamtbildes konnte der Eindruck entstehen, dass der Verstorbene die Ampelfarben Rot, Gelb und Grün bei der Zettelvergabe als Priorisierung verstanden hatte. »Wer ist Rosemie?«, entfuhr es Hartmut. »Ich fürchte, das erfahren wir noch früh genug!«, antwortete Albert trocken.

Am Kopf des Küchentisches stand in einem Postkartenhalter ein Briefkuvert, »Mein Letzter Wille!«, stand darauf mit fester, klarer Schrift geschrieben. Hartmut griff den Umschlag, öffnete ihn, und entnahm zwei gefaltete Seiten Papier, er begann laut zu lesen: »Keine Ahnung, wer das hier zuerst in die Finger bekommt, aber ich sage einfach mal Hallo zu meinen Söhnen, denn die geht es etwas an. Um es kurz zu machen: Ich bin schwer erkrankt, was man mir zwar im Augenblick nicht ansieht, was aber dennoch in wenigen Monaten zum Tode führen wird. Meine behandelnden Ärzte haben den letzten Lebensabschnitt wenig angenehm beschrieben, zumal ich mich jeder ernstzunehmenden Therapie verweigert habe. Da ich mir und meiner Umwelt ein kräftezehrendes Siechtum ersparen wollte, habe ich kurzen Prozess gemacht. Für jetzt entstandene Unannehmlichkeiten möchte ich mich entschuldigen.«

Hartmut Bohrs Stimme wurde nun etwas zögerlicher und leiser: »Unser zwischenmenschliches Verhältnis war zu meinen Lebzeiten nie das beste – es tut mir leid, aber ich denke, daran wird sich auch in Zukunft nicht viel ändern. Ohne Euer Wissen bin ich eine neue Beziehung eingegangen, wir kennen uns seit einem Jahr, eine bezaubernde Dame namens Rosemie, die im Übrigen auch alles, abzüglich eures Pflichtteils, erben wird.

Die Polizisten, der Notarzt und die Gebrüder Bohrs drängten neugierig in den kleinen Raum. Eigentlich eine ganz normale langweilige Küche, aber interessant war das, was auf dem Küchentisch ausgebreitet war.

Bei der Organisation der Beerdigung – das ist natürlich Eure Aufgabe, denn auch ein Pflichtteil will verdient sein – bitte ich darum, sparsam zu sein. Es wird eh nur geheult und geflennt, was soll man da teuer Geld ausgeben. Einfache Urne, kein Redner, kein protziger Grabstein, wenig Blumen und im Anschluss nur Aprikosenfladen mit dünnem Kaffee. Großen Wert lege ich auf die Gästeliste, die ich verfasst habe. Um die Familie kommt man nicht herum, aber ich will kein weiteres heuchlerisches Pack am Grab stehen sehen, das mich eh nicht leiden konnte.

Wenn Michi mich rechtzeitig gefunden hat, könnt Ihr die ganzen Vanille-Duftbäumchen wegwerfen. War eine reine Vorsichtsmaßnahme. Michi, mein treuer Nachbar, falls Du da bist – ich habe auf dem Küchentisch was für Dich hingelegt.

Verbrannt werden möchte ich, in der Kleidung, die gebügelt und gefaltet auf dem Küchenstuhl liegt – und mein letztes Hemd hat doch Taschen! Lebt wohl, Franz Bohrs!«

In einer Mischung aus Verwunderung und Hilflosigkeit starrten die Umstehenden auf Albert und Harmut Bohrs. Der Brief hatte seine Wirkung nicht verfehlt, es herrschte Stille. Wenn man aber die Brüder genau beobachtete, konnte man in ihren Augen vielleicht sogar den Ausdruck von Erleichterung ausmachen, nach außen wahrten sie die Etikette und verhielten sich der Situation angemessen betroffen. Unser Notarzt durchbrach als Erster das Schweigen: »Dann schreib ich mal den vorläufigen Totenschein«, und zog den Vordruck in vierfacher Ausfertigung aus der mitgeführten Kladde. Einer der Polizisten nickte zustimmend.

»Erinnert fast ein wenig an heute Morgen, wie der Schoppmann mit seinen schriftlichen Anweisungen, aber so ist es wohl: Von der Wiege bis zur Bahre – Formulare, Formulare!«, sinnierte Hein, während wir das Haus verließen.

2. Notfall

Die Havannasuite

Die Alarmierung erfolgt zum denkbar ungünstigsten Zeitpunkt

Wie lange eine Minute sein kann, hängt davon ab, auf welcher Seite der Toilettentüre man sich befindet. Wandspruch in einem öffentlichen WC

Unsere hauptamtliche Reinigungskraft war krankheitsbedingt ausgefallen. Mit Ersatz war erst nach dem Wochenende zu rechnen, und dementsprechend sahen mittlerweile auch unsere sanitären Anlagen aus. Besonders die Pissoire im zweiten Obergeschoss erweckten den Eindruck, als hätte gerade ein Bataillon der französischen Fremdenlegion dort sein Geschäft verrichtet. Der Chef vom Tag, ein altgedienter Hauptbrandmeister, sprach gerade ein Machtwort. »Mir ist vollkommen egal, ob heute Sonntag und schon Bereitschaftszeit ist. Es sieht da oben aus wie Sau – also wird jetzt geputzt!«, schnauzte er in Richtung einiger trotzig blickender junger Kollegen, an denen die Arbeit hängen bleiben würde. »Spätestens morgen sieht das Klo doch wieder genauso aus – was soll die unnötige Arbeit?«, meuterte einer der Brandmeister. Eine Antwort kam prompt. »Unnötige Arbeit? Du kleiner Rostfleck auf meiner Feuerwehraxt, hoffentlich hast du bald die Klobürste in der Hand!«, erwiderte der Chef vom Tag in einem Tonfall, der die Grenze zwischen Ernst und Spaß verschwimmen ließ.

Widerwillig machten sich die Kollegen ans Werk, deren Arbeit gerade zur Hälfte erledigt war, als sie durch einen Alarm vorläufig vom weiteren Putzen erlöst wurden. »Ausgelöste Brandmeldeanlage im Hotel Segensberger Hof, Hauptstraße 14–18, Einsatz für den Löschzug Nord und Löschzug Mitte«, dröhnte es in der Fahrzeughalle. Die Wiederholung der Ansage ging im Tumult der herbeieilenden Kollegen unter.

Persönlich erwischte mich dieser Alarm ebenfalls zu einem äußerst ungünstigen Zeitpunkt. Gerade hatte ich den Drehknauf einer Toilettentür im ersten Obergeschoss verriegelt und war im Begriff, Sitzung zu halten, als auch mein Vorhaben jäh unterbrochen wurde. Eine Alarmierung duldet keinen Aufschub und so müssen gewisse Dinge auch mal warten, und sei es die eigene Defäkation. Nach kurzem Sprint in der Fahrzeughalle angekommen, streifte ich meine Schuhe ab, glitt in meine Stiefel und zog mir die darübergestülpte Latzhose über. Rein in die Jacke, Feuerwehrsicherheitsgurt angelegt, Helm und Atemschutzmaske lagen bereits vorbereitet im Fahrzeug. Als Letzter sprang ich in die Mannschaftskabine, den Rest der Ausrüstung würde ich während der Fahrt anlegen. Hallentore öffneten sich und ein Löschfahrzeug, eine Drehleiter und ein Tanklöschfahrzeug verließen mit Blaulicht und Martinshorn die Wache. Eile und ein wenig Adrenalin können Erstaunliches bewirken. Mein Drang nach Stuhlgang war zunächst verflogen. Während unser Zugführer über Funk erste einsatztaktische Absprachen traf, vervollständigte der Angriffstrupp seine Ausrüstung. Ich schlüpfte gerade in die Begurtung meines Pressluftatmers, als Hein mich ansprach: »Du bist doch sonst nie der Letzte, wo warst du so lange?« – »Ich hatte gerade die Hose auf den Knien, wenn du verstehst, was ich meine«, antwortete ich vielsagend. »Ah, deshalb die dicken Augen«, frotzelte Hein, als er seine Atemschutzmaske aufzog. Seine Stimme klang nun verzerrt, fast so wie die von Darth Vader in *Star Wars*, als er noch eins draufsetzte: »Verkneifen ist immer schlecht. Gibt nur Verstopfung!«

Mit diesen hoffnungsvollen Worten bog unser Löschzug in die Hauptstraße ein. In wenigen Augenblicken würden wir die Einsatzstelle erreichen. Der Segensberger Hof war eindeutig ein Hotel der Oberklasse. Ein offener Dachgarten mit integriertem Restaurant und ein ausgedehnter Wellnessbereich waren die Aushängeschilder des Hauses. Unser Löschzug traf als Erster ein. Wir hielten auf der großzügigen Umfahrt des Haupteingangs und konnten beobachten, wie Hotelbesucher vom Personal zu einem außenliegenden Sammelpunkt dirigiert wurden. »Na ja, unter diesen Umständen will ich dem Pagen mal verzeihen, dass er mir nicht die Tür aufhält«, rief Hein amüsiert, als er ausstieg und uns mit einem Wink anzeigte, dass wir folgen sollten.

Hein würde heute unseren Angriffstrupp führen. Gemeinsam machten wir uns mit Noah, unserem heutigen Zugführer, auf den Weg zur Brandmeldezentrale. Dieser gab auch schon über Funk weitere Anweisungen. »Drehleiterbesatzung erkundet die Rückseite des Hotels, der Rest baut eine Wasserversorgung auf, nachrückende Kräfte auf die Gebäuderückseite einweisen!«, sprach er in das Mikrofon seines Handfunkgerätes, während wir eine monströse Drehtür mit mittig eingelassenem Aquarium durchschritten.

Als wir die Lobby betraten, bot sich uns ein hektisches Treiben. Wo sonst Geschäftsleute an der Bar ein gelungenes Geschäft mit einem Cocktail feiern und Touristen sich mit dem Stadtplan vertraut machen, wuselte eine Menschenmenge, von Hotelpersonal dirigiert, durch einen Notausgang ins Freie. Eine Sirene heulte unaufhörlich, nur unterbrochen von Durchsagen, die die Hotelgäste zum Verlassen des Hotels aufforderten. Die ansonsten gedämpfte Beleuchtung strahlte jetzt wie in einem Fußballstadion. Noah bahnte sich einen Weg durch die Menschen, hin zu einer hell blinkenden Leuchte, die die Lage der Brandmeldezentrale anzeigte.

Kurz bevor wir unser Ziel erreichten, stieß der Sicherheitsbeauftragte des Hotels völlig aufgelöst zu uns. »Katastrophe, Katastrophe! Es haben mindestens drei Rauchmelder ausgelöst! Gott sei Dank sind wir nur zur Hälfte belegt. Drei Melder! Diesmal ist wirklich Feuer ausgebrochen!«, rief er, wobei sich seine hohe Stimme fast überschlug.

Brandmeldeanlagen lösen tatsächlich des Öfteren Fehlalarme aus. Ungünstige Witterungseinflüsse, technische Probleme oder auch Missbrauch sind nicht auszuschließen. Dennoch darf man solche Alarmierungen nie auf die leichte Schulter nehmen, unzählige Menschen haben diesen Anlagen ihr Leben zu verdanken. Es gilt der Grundsatz: Lieber einmal zu viel als einmal zu wenig alarmiert. An dieser Stelle kann ich jedem Leser den pädagogischen Rat nicht ersparen, in den eigenen vier Wänden Rauchmelder zu installieren.

Doch zurück zur Geschichte. Noah versuchte, den Mann zu beruhigen: »Alles der Reihe nach. Zeigen Sie mir zunächst auf dem Objektplan, wo der Brand sein soll.« Der Sicherheitsbeauftragte tat, wie ihm geheißen, und überreichte Objektpläne und Laufkarten. Noah studierte die Unterlagen und verglich sie mit der elektronischen Anzeige der Anlage, als per Funk eine Rückmeldung der im Außenbereich verbliebenen Kräfte eintraf: »Von außen keine Feststellung, Gebäuderückseite kontrolliert, Wasserversorgung steht, ein zweiter Angriffstrupp kommt zu euch.« – »Verstanden!«, quittierte Noah die Meldung, während er zeitgleich verschiedene Rauchabzugsklappen im Gebäude ferngesteuert öffnete.

Derweil schaute ich zurück in die Lobby, wo das Hotelpersonal immer noch Gäste ins Freie geleitete. Ein Pärchen im fortgeschrittenen Alter stritt sich lauthals über den gewählten Urlaubsort und ein Herr im Bademantel schwadronierte über seine unvollständige Garderobe. Mein Blick schweifte weiter und blieb an einem kleinen alltäglichen Hinweisschild hängen: WC. Die Verknüpfung zwischen Auge, Gehirn und Enddarm brauchte nur eine Millisekunde. Krämpfe durchzuckten meine Innereien, als Noah lautstark Anweisungen gab: »1. Angriffstrupp: Erkundung und gegebenenfalls Brandbekämpfung in der ›Havannasuite‹. Es dürfte sich niemand mehr in der Suite aufhalten, die Bewohner haben laut Aussage des Personals definitiv die Suite verlassen. Alle drei ausgelösten Melder sind im Bereich der Suite. Hier ist eure Laufkarte. 2. Angriffstrupp: Ihr kontrolliert das Zimmer links daneben, die sogenannte ›Bourbonsuite‹, dort sind noch zwei Personen vermisst. Wir wissen nicht, ob sie noch im Haus sind. Jedenfalls hat sie niemand beim Verlassen des Gebäudes registriert. Fragen? Keine! Dann los!«

Himmelhoch jauchzend und zu Tode betrübt, das hätte meinen Gefühlszustand passabel beschrieben. Einerseits war ich Noah dankbar, denn der Einsatzauftrag hatte meinen Adrenalinpegel so weit ansteigen lassen, dass meine Notdurft wieder fast vergessen war. Andererseits hatte ich das Paradies gesehen. Eine Toilette war eben noch in erreichbarer Distanz gewesen, aber jetzt war ich im Treppenraum auf dem Weg ins siebte Obergeschoss.

Zu viert, aufgeteilt in zwei Angriffstrupps, erreichten wir das mutmaßliche Brandgeschoss. Vorsichtig öffnete Hein die Tür zum Flurbereich und warf einen ersten Blick in den links befindlichen Bereich. Noch hatten wir unsere Atemschutzmasken nicht mit den Atemluftflaschen verbunden, daher konnten nasale Eindrücke noch wahrgenommen werden: »Rauchfrei, aber ich kann Brandgeruch wahrnehmen«, beschrieb Hein seine Eindrücke. »Nach ›Cohiba‹ oder ›Montecristo‹ riecht es aber nicht, oder? Nur wegen ›Havannasuite‹, versteht ihr?«, witzelte Marcel, der Truppführer des zweiten Angriffstrupps. »Klar, die haben den ganzen Humidor angezündet, du Blitzbirne! Weiter jetzt!«, gab Hein barsch zurück, während er auf der Laufkarte den Weg zur »Havannasuite« nachvollzog.

Nach etwa 20 weiteren Metern hatten wir unser Ziel erreicht. Der Brandgeruch vor den benannten Suiten wurde stärker, daher beschlossen wir, ab jetzt die Luft aus unseren Atemschutzgeräten zu nutzen. Schnell waren die Masken mit den Flaschen verbunden und eine gegenseitige Kontrolle durchgeführt. Hein beschrieb Noah über Funk den Stand der Dinge, bevor er an uns gewandt fortfuhr. »Wir bauen eine Schlauchleitung auf, während ihr die andere Suite überprüft«, wiederholte er nochmals die Aufgabenverteilung. Wir waren gerade damit beschäftigt, den Schlauch aus einem Wandhydranten sinnvoll auszulegen, als die Kollegen beherzt gegen die Tür der »Bourbonsuite« klopften. »Feuerwehr! Öffnen Sie die Tür!«, schallte es, begleitet durch Faustschläge, auf das Türblatt durch den Flur. Die Tür blieb verschlossen, überprüfen musste der Trupp die Räumlichkeiten aber auf jeden Fall. Um unnötige Sachbeschädigungen zu vermeiden und uneingeschränkten Zugang zu ermöglichen, hatte uns der Sicherheitsbeauftragte geistesgegenwärtig einen Generalschlüssel ausgehändigt. Der Schlüssel glitt ins Schloss und einen Augenblick später war der Trupp in der »Bourbonsuite« verschwunden. »Wir warten hier noch einen Augenblick«, entschied Hein seelenruhig. »Wenn wir da gleich rein gehen, ist der Flur hier ruck, zuck verraucht. Ich habe keine Lust, dass die noch mit Personen durchmarschieren, während wir hier arbeiten. Die Suite zu durchsuchen wird ja keine Ewigkeit dauern«, erklärte er sein Zögern.

Es dauerte wirklich keine Ewigkeit. Nach ungefähr 30 Sekunden kam der Trupp mit zwei Personen im Schlepptau wieder heraus. Das schöne Goethezitat »halb zog sie ihn, halb sank er hin« war wie für diese Szene gemacht. An einem Mann in den besten Jahren hing eine Dame, die geschätzte 30 Jahre jünger war. Aus einer solchen Konstellation sollte man niemandem einen Vorwurf machen, viele träumen ja davon, jedoch war dieses Pärchen wirklich etwas auffällig. Der Herr im Morgenmantel machte einen etwas angegriffenen Eindruck. Latent weich in den Knien und mit glasigen Augen rief er immer wieder in unterschiedlichen Lautstärken: »Das ist meine Frau! Das ist meine Frau!«

»Herzlichen Glückwunsch!«, murmelte ich ungläubig in meine Atemschutzmaske. Halb umarmend wedelte sie dem Kerl mit einem aus Federn gefertigten Staubwedel kichernd im Gesicht herum, während sie versuchte, auf hohen Hacken (in Fachkreisen auch High Heels genannt) das Gleichgewicht zu halten. Gekleidet war sie geschmackvoll, aber sehr spärlich. Das Kostümchen sollte wohl die Dienstkleidung eines Zimmermädchens darstellen, jedoch waren deutliche Unterschiede zum hauseigenen Personal erkennbar, zumindest war mir in der Vergangenheit kein Zimmermädchen mit fast freiliegendem Gluteus maximus aufgefallen. Die beiden wurden umrahmt von Marcel und seinem Kollegen, die die beiden stützten und führten. »In der Bude ist der Name Programm. Ordentlich Whiskey gesoffen, gekifft und was weiß ich nicht ... Viagra liegt auch noch auf dem Tisch. Tief geschlafen haben die Herrschaften angeblich und unser Klopfen und den Alarm überhört«, meinte Marcel vorwurfsvoll im Vorbeigehen. »Wohl neidisch!«, stellte Hein noch süffisant fest, bevor er mir ein Zeichen gab, dass nun unsere Arbeit beginnen würde. Ein letztes »Das ist meine Frau!« verhallte, als die Brandschutztür zum Treppenhaus automatisch ins Schloss fiel.

»So, jetzt sind wir ja unter uns, dann wollen wir mal!« Mit diesen Worten ging Hein in eine gehockte Position neben der Tür und umfasste die Klinke. Auch ich hatte meine Position eingenommen und war bereit, gegebenenfalls sofort mit Löschmaßnahmen zu beginnen. Langsam öffnete Hein die Tür und sofort quoll dichter Rauch aus dem geöffneten Spalt. »Hier sind wir richtig!«, rief er, bevor er in tiefster Gangart ins Zimmer robbte. Hein folgend, zog ich unsere Schlauchleitung hinter uns her, hinein ins Dunkel. Durch den Rauch war die Sichtweite im Zimmer quasi null, nur in Bodennähe konnte man noch schemenhaft Dinge wie Stuhlbeine und den Fuß einer Stehlampe erkennen. Der Rauch war derart dicht, dass selbst Feuerschein nicht zu erkennen war. Lediglich hören konnte man das Feuer, fast melodisch knisterte und prasselte es links von uns. Hein griff zu seiner Wärmebildkamera, um sich besser zu orientieren. Verschiedene Temperaturen werden durch diese Kamera auf einem Bildschirm verschieden hell oder dunkel dargestellt, sodass ein Brandherd als Quelle hoher Temperaturen in der Regel schnell gefunden wird. »Dort drüben«, wies Hein mir mit ausgestrecktem Arm die Richtung. »Sieht aus wie die Reste einer Couchgarnitur. Bitte sparsam löschen, ich will nachher nicht auch noch 'nen Wasserschaden beseitigen!«, ermahnte er mich vorbeugend. Der Wasserstrahl verfehlte nicht sein Ziel, die ersten Liter verdampften sofort und zu der naturgemäß eh schon stark erhöhten Raumtemperatur gesellte sich jetzt noch heißer Wasserdampf.

In dieser an sich schon lebensfeindlichen Umgebung meldete sich nun erneut mein Enddarm. Sinngemäß schrie mein Verdauungstrakt: »Maximaler Füllstand überschritten! Zwangsöffnung in 60 Sekunden!« Kurz wägte ich im Kopf alle möglichen Alternativen ab, bevor ich Hein in Kenntnis setzte.

»Hein, ich muss aufs Klo, dringend!«, rief ich lauthals und kam mir dabei vor wie ein Schuljunge in der Grundschule, der seinen Lehrer um Erlaubnis bittet. Hein reagierte, wie nur Hein es konnte. »Na dann geh doch, ich lösch hier so lange weiter«, rief er fast beiläufig zurück. An der Schlauchleitung entlang machte ich mich auf den Weg in den Flur, als mein Körper mir signalisierte, der Weg bis zur Toilette im Flur könnte etwas zu lang sein. Die einzige Alternative war die Keramikmöbelabteilung dieser Suite. In normalen Hotelzimmern ist das WC eigentlich immer direkt links oder rechts der Eingangstür, aber ist das auch in Suiten so? Darüber nachzudenken machte keinen Sinn, ich hatte eh nur einen Versuch.

Glück hatte ich aber auch. Wenige Meter vor der Eingangstür befand sich eine weitere Tür. Ich öffnete sie, schaute hinein, und gottlob, dahinter lag ein gekacheltes Paradies. Am Ziel war ich aber noch lange nicht. Erstens war der Raum nach dem Öffnen der Tür nun ebenfalls verraucht und zweitens setzt man sich als Feuerwehrmann in voller Montur mit Pressluftatmer auf dem Rücken nicht mal eben auf die Schüssel. Die Prozedur ist folgende: auf die Knie gehen, Begurtung des Pressluftatmers öffnen und diesen über die linke Schulter nach vorn zwischen den Beinen ablegen. Die Leitung zwischen Atemschutzmaske und Flasche ist leider nicht lang genug, dass eine solche Abfolge von Arbeitsschritten im Stehen erledigt werden könnte. Danach Feuerwehrsicherheitsgurt ablegen. Dann Jacke ausziehen, sonst wird man die Latzhose nicht los, und schlussendlich in einer rückwärtsgewandten Bewegung nach hinten auf die Schüssel gleiten und gleichzeitig die Latzhose nach unten über die Stiefel abstreifen.

Das Gefühl der Erleichterung war einfach grenzenlos. Ein positiver Nebeneffekt dieser Form der Verrichtung ist übrigens, dass man von jeglichen üblen Gerüchen durch die umluftunabhängige Atemform abgeschirmt ist. Um ehrlich zu sein, ich wollte gar nicht mehr aufstehen, ich fühlte mich frei, ich fühlte mich leicht. Schließlich wurde mir jedoch klar, dass Hein im Brandraum allein war und dass er nach meinem erfolgreichen Stuhlgang nun wieder meine volle Unterstützung verdient hatte. Nachdem ich meine Schutzkleidung wieder angelegt hatte, konnte ich die Toilette verlassen.

Die Situation, die sich mir allerdings bot, empfand ich als peinlich und ungerecht. Hein war nicht mehr allein. Die Arbeit war längst erledigt. Das Feuer war aus, der Raum war belüftet, nur kleinere Nachlöscharbeiten standen noch an. Der zweite Angriffstrupp hatte das gerettete Pärchen im Treppenraum an Rettungsdienstpersonal übergeben und war im Anschluss zurückgekehrt, um uns zu unterstützen. Hein, Marcel und ein weiterer Kollege namens Daniel saßen seelenruhig in der ausgebrannten Couch und schauten in meine Richtung. Sie trugen immer noch ihre Atemschutzmasken, aber an ihren Augen konnte ich sehen, dass sie lachten. Hein hatte selbstverständlich meine Abwesenheit erklären müssen und so waren sie über meine eilige Notdurft im Bilde. Das Hotel verließ ich in dem Wissen, dass mich diese Geschichte bis in den Ruhestand begleiten würde. Auf jeder Weihnachtsfeier würde es heißen: »Weißt du noch, wie du damals in dem Hotel ...«

»Hein, ich muss aufs Klo, dringend!«, rief ich lauthals
und kam mir dabei vor wie ein Schuljunge in der Grundschule,
der seinen Lehrer um Erlaubnis bittet. Hein reagierte,
wie nur Hein es konnte. »Na dann geh doch, ich lösch hier
so lange weiter«, rief er fast beiläufig zurück.

3. Notfall

Tabubruch im Seniorenpark

Je oller, desto doller

*Gerne der Zeiten gedenk' ich, da alle Glieder gelenkig – bis auf eins.
Doch die Zeiten sind vorüber, steif geworden alle Glieder – bis auf eins.*
Johann Wolfgang von Goethe

Unsere Einsatzstelle war kein klassisches Altenheim, in dem »satt, sauber und trocken« das allgemeine Pflegeprinzip darstellte, es handelte sich vielmehr um einen noblen Wohnpark, in dem Senioren ein weitgehend selbstständiges Leben führen, von ein paar kleinen Serviceleistungen einmal abgesehen. Ein Urlaub in einem 5-Sterne-Luxusresort hätte gewisse Parallelen mit der Lebensweise der Heimbewohner dieser gut betuchten 70+-Generation.

Die Räumlichkeiten bestanden aus hübschen Apartments (zwei bis drei Zimmer, Küche, Diele, Bad) und boten ausreichend Platz, um die Wände nach eigenem Geschmack mit Weltkriegserinnerungen, vergilbten Jugendbildern und geschmacklosen Porzellantellern vollzupflastern. Beim Freizeitprogramm hatte man die Qual der Wahl: ein reichhaltiges Butterfahrtensortiment, Golf, Schach, Handarbeit und vieles mehr. Es war für jeden etwas dabei, wobei die Teilnahme keineswegs verpflichtend war. Entweder man blieb für sich und löste Kreuzworträtsel im heimischen Ohrensessel oder man beteiligte sich an Gemeinschaftsausflügen, beispielsweise am Wandertag zum Drachenfels mit anschließendem Verkauf von Lamawolldecken.

Auch der Rest des Lebens war eine nicht enden wollende Aneinanderreihung von Annehmlichkeiten. Eigener Taxistand, beheiztes Schwimmbad, Einkaufsservice, Wäschereiservice, Speisen à la carte vom wohnparkeigenen Restaurant per Lieferdienst, Putz- und Gartenhilfen, wöchentlicher Hausarztbesuch, alles wählbar, je nach Größe des Geldbeutels beziehungsweise je nach körperlicher und geistiger Konstitution. Kurzum, ein Paradies für alle angehenden Rollatorpiloten beiderlei Geschlechts.

Unsere Einsatzstelle am heutigen Morgen war Apartment 13 und unser Patient hörte auf den schönen Namen Gomez. Wie sich später herausstellen sollte, war er spanischer Abstammung und hatte jahrzehntelang eine Import-Export-Firma geleitet, die sich auf den Handel mit südländischen Spirituosen spezialisiert hatte. Als Hein und ich mit medizinischer Ausrüstung bepackt den Rettungswagen verließen, fiel uns ein Kleinwagen auf, der mit einem auffälligen Schriftzug beklebt war und genau vor dem Hauseingang von Herrn Gomez parkte. »Mai Lin – 24 Std. Notdienst«, las Hein das Offensichtliche laut vor. »Ich wusste gar nicht, dass südostasiatische Freizeitdamen mittlerweile einen Notdienst vorhalten«, frotzelte er sarkastisch, bevor er die Klingel seitlich der Haustür betätigte. Natürlich handelte es sich nicht um den Dienstwagen einer Horizontalen, natürlich war es nicht das Vehikel eines asiatischen Schnellimbisses mit Lieferservice – natürlich war es das Fahrzeug eines mobilen Pflegedienstes mit asiatischen Mitarbeiterinnen, der die Zeichen der Zeit erkannt hatte und nüchterne medizinische Tagespflege mit einem Hauch von Wellness aufpeppte. Bei Mai Lin wurden nicht einfach Puls, Blutdruck und Blutzucker kontrolliert, sondern aus Nagelpflege wurde eine altersgerechte Maniküre, zum Haarewaschen gehörte eine Massage der Kopfhaut, und das war freilich etwas anderes, als wenn eine übergewichtige, schlecht gelaunte Herta aus Paderborn Hand anlegte.

Die Tür öffnete sich und vor uns stand der Zauber Asiens. Eine hübsche, stupsnasige Frau mit braunen Mandelaugen und langem dunklen Haar stand in der Tür und bat uns höflich in den dritten Stock. »Bitte folgen Sie mir, Herrn Gomez geht es nicht so gut, ich glaube, es ist das Herz«, sprach sie auffordernd mit leichtem Akzent und ging voraus. Hein konzentrierte sich beim

Treppensteigen anscheinend auf das durchaus attraktive Gesäß der Asiatin, das bei jeder Stufe sanft hin und her wogte, jedenfalls vollzog seine Kopf-Hals-Partie, von hinten betrachtet, jede ihrer Bewegungen mit synchroner Harmonie nach. Meine Aufmerksamkeit war derweil vielmehr auf das Innere des Treppenhauses gerichtet. Die Wände waren mit einem Belag versehen, der aus winzig kleinen scharfkantigen Steinchen bestand. Man findet diesen Wandbelag leider sehr häufig, unter Hauseigentümern gilt er als widerstandsfähig, pflegeleicht und kostengünstig, unter Rettungsdienstpersonal ist er als böswillig, gemein und blutig bekannt. Wenn Sie als Sanitäter einen Patienten durch das Treppenhaus tragen müssen, weil dieser des Gehens nicht mehr fähig ist, ist oberstes Gebot, mit der Trage oder einem speziellen Stuhl nicht die Wände zu berühren. Nicht weil wir Angst hätten, zu stürzen oder die gute Seidentapete zu ruinieren, nein, man stößt sich auch unweigerlich die Knöchel. Sollte dann noch oben beschriebener Belag die Wand zieren, so reibt man sich das Fleisch wie mit einer Schruppfeile von den Knochen. Ich möchte gar nicht wissen, wie viele Kilogramm Knöchelfleisch jedes Jahr von Sanitäterhänden schmerzhaft abgerieben werden, nur um anschließend unbemerkt im scharfkantigen Wandbelag vor sich hin zu gammeln.

Meine Gedanken verließen den Wandbelag, denn wenige Augenblicke später betraten wir, von der Pflegekraft angeführt, das Apartment von Herrn Gomez. Der erste Eindruck war nicht dramatisch, das Mobiliar war unauffällig, aber wahrscheinlich ausgesprochen teuer. Die gesamte Wohnung versprühte ein gewisses mediterranes Flair, ein Stierkampf in Öl zierte den sonst spartanischen Eingangsbereich und war sowohl ein erster Hinweis auf die Herkunft unseres Patienten als auch die größte geschmackliche Entgleisung, die mein schweifender Blick bisher entdeckt hatte. Auf der Suche nach unserem Patienten ging ich voraus und schaute mich weiter in der Wohnung um. Als ich das Wohnzimmer betrat, erschrak ich fast zu Tode. Von Herrn Gomez war nur der Kopf übrig, man hatte sein Haupt wie eine Trophäe auf die Lehne eines beigefarbenen Sessels drapiert, jedenfalls war dieses Bild die Übersetzung meines Gehirns für das, was ich gerade erblickte. »Mein Gott!«, entfuhr es mir, als Herr Gomez sich im selben Augenblick bewegte und ich feststellen musste, dass der Schlafanzug, den er am Leib trug, exakt denselben Farbton hatte wie der Sessel, in dem er saß. Was für eine Erleichterung, ich war lediglich einer optischen Täuschung erlegen.

»Was heißt denn hier ›Mein Gott‹, sehe ich so schlimm aus?«, fragte Herr Gomez fast ängstlich und auch Hein schaute mich einigermaßen verwirrt an. »Nein, nein! Pardon, ist mir nur so rausgerutscht. Was ist denn Ihr Problem, oder anders gefragt, warum hat die Dame vom Pflegedienst uns gerufen?«, versuchte ich, meinen sakralen Seufzer zu relativieren und gleichzeitig das Thema zu wechseln.

»Herzschmerzen, und es wird und wird nicht besser«, japste Herr Gomez klagend. »Die Schmerzen – kamen plötzlich in einer Ruhephase oder nach körperlicher Anstrengung?«, führte ich meine Befragung fort. »Nach körperlicher Anstrengung. Wir hatten wilden Sex«, antwortete der rüstige Senior unverblümt. »Wusste ich es doch!«, feixte Hein und blickte wie der Sieger einer Wette in Richtung der Asiatin.

Die Pflegekraft, die Heins Gedanken erahnte, echauffierte sich sofort: »Was soll denn hier heißen ›Wusste ich es doch‹? Was denken Sie von mir? Sie scheinen es ja nötig zu haben, sie Chauvinistenarsch!«, schimpfte sie lautstark und wild gestikulierend. »Ja, ja, wer sich verteidigt, klagt sich an ...«, setzte Hein noch eins obendrauf, als Herr Gomez sich klärend einmischte. »Bitte nichts missverstehen!«, begann er, um Aufklärung bemüht. »Natürlich hatte ich keinen Sex mit der jungen Dame, so schön es auch wäre, das würde selbst einen jung gebliebenen feurigen Spanier wie mich überfordern. Aber die Senta aus Apartment 24, die spielt in derselben Altersklasse, na ja, fast, sie ist acht Jahre älter als ich, ich sag immer: altes Huhn – gute Suppe, da kann ich noch mithalten. Wie dem auch sei, die Senta und ich sorgen gelegentlich für gegenseitige Entspannung, wenn Sie verstehen, was ich meine«, erklärte Herr Gomez mit einem seligen Lächeln.

»Das gibt es doch gar nicht! Warum weiß ich davon nichts! Können Sie mir sagen, wie ich Sie vernünftig pflegen soll, wenn ich von so etwas nichts weiß?«, bemerkte die Asiatin empört mit vor der Brust verschränkten Armen. »Sie können alles essen, aber noch lange nicht alles wissen!«, entgegnete der Senior mit trotziger Stimme.

»Und erst nach dem Sex begannen die Herzschmerzen?«, unterbrach ich den beginnenden Streit und erkundigte mich nochmals konkreter, als ich ein EKG auf der Brust unseres Patienten anlegte. Herr Gomez nickte zustimmend und fügte dann präzisierend hinzu: »Keine zehn Minuten, nachdem Senta gegangen war, fing es an.« Hein erhob in der Zwischenzeit weitere medizinische Parameter, Blutdruck und Sauerstoffsättigung wurden gemessen und protokolliert, während ich begann, das EKG auszuwerten.

Nur Augenblicke später stand fest, dass wir unserem betagten Liebhaber leider schlechte Nachrichten verkünden mussten: »Herr Gomez, Ihr EKG zeigt leider Veränderungen, die deutlich auf einen Herzinfarkt hinweisen. Wir werden jetzt einen Notarzt nachalarmieren, einige Medikamente verabreichen und sie anschließend in ein Krankenhaus transportieren. Einverstanden?«, erklärte und fragte ich zugleich.

»Ja, wenn Sie es sagen, ich muss ja wieder fit werden. Ich hoffe nur, das Ganze dauert nicht zu lange. Wissen Sie, die Senta, die kann hier jeden haben, ein bisschen Hagelschlag am Oberschenkel, aber sonst wirklich noch eine Rassebraut. Wenn ich 14 Tage weg bin, dann stehen bei der Senta zehn andere Osteoporoseheinis auf der Matte«, antwortete Herr Gomez besorgt zustimmend.

Hein schmunzelte, als er sich der medikamentösen Versorgung unseres Patienten widmete. »Guter Mann, ich kann Ihre Sorge verstehen, und damit Sie schnell wieder Tinte auf dem Füller haben, würde ich Ihnen gern schon mal dieses Spray hier verabreichen«, erläuterte er fast mitfühlend, während er Herrn Gomez ein kleines rotes Sprühfläschchen präsentierte. »Allerdings muss ich vorher wissen, ob Sie potenzsteigernde Mittel eingenommen haben. Die kleinen blauen Pillen und dieses Spray vertragen sich nämlich überhaupt nicht gut miteinander. Haben Sie dem kleinen feurigen Spanier ein wenig geholfen?«, fragte Hein salopp, aber eindringlich weiter.

»Natürlich, was denken Sie denn? Ich kann es mir nicht leisten, die Senta zu enttäuschen, in meinem Alter sind sexuell aktive Damen so verbreitet wie Sternschnuppen bei Tageslicht. Bevor es losgeht, gönne ich mir eine von den kleinen Blauen und zwei starke Tassen Kaffee, an Kokain komme ich hier ja nicht mehr dran, ach das waren noch Zeiten…«, antwortete Herr Gomez mit entwaffnender Selbstverständlichkeit.

Seine Erklärung hinterließ verblüffte bis schockierte Gesichter. Ich staunte nicht schlecht über die Offenheit unseres Patienten. Hein packte grinsend das kleine rote Fläschchen wieder ein und der hübschen Asiatin entfuhr ein tadelndes »Alter geiler Bock!«. – »Nur kein Neid!«, erwiderte Herr Gomez über jeden Vorwurf erhaben, bevor wir ihn nach weiterer medizinischer Versorgung in den Rettungswagen brachten.

Der Aufbruch in Richtung Klinik verzögerte sich allerdings noch einen kleinen Moment. Zunächst mussten wir das Eintreffen des Notarztes abwarten, sein Erscheinen wurde quasi sekündlich erwartet. Der Pflegedienst Mai Lin verabschiedete sich derweil kopfschüttelnd, als sich unser Patient wieder an uns wandte: »Ich hoffe, die kriegen mich noch mal hin, 74 ist doch noch kein Alter, um zu sterben!« – »Vom Sterben spricht hier auch noch keiner«, versuchte ich zu beruhigen. »Manchmal geht es schnell – mein bester Kumpel ist nach einem Wodka-Ecstasy-Cocktail in einem illegalen Spielcasino am Silvesterabend tot umgefallen, auch mit 74, da macht man sich dann schon so seine Gedanken, ich hab schließlich auch immer Vollgas gegeben«, resümierte er sorgenvoll.

»Meinen größten Respekt! Lieber Jahre voller Leben als ein Leben voller Jahre! Hut ab! Wer in Ihrem Alter noch die Lady aus der Nachbarschaft vernascht, der hat alles richtig gemacht. Männer wie Sie werden am Pokertisch erschossen, die sterben nicht am Herzinfarkt«, erhob Hein seine Stimme und versuchte so, Herrn Gomez Mut zu machen. Der schaute immer noch skeptisch und runzelte die Stirn.

»Den Rest überlassen Sie jetzt mal den Spezialisten in der Klinik, und wenn sie Ihrer Senta das nächste Mal den Regen schenken, dann schreiben Sie uns eine Karte, uns interessiert schließlich der Genesungsprozess unserer Patienten.«, sprach Hein aufmunternd, als zeitgleich der Notarzt vor Apartment 13 eintraf.

Es vergingen vier Wochen, bevor eine Postkarte mit einer Landschaft bei Regenwetter die Wache erreichte. Die Sendung trug keinen Absender und enthielt auch sonst keinen Text, aber Hein und ich wussten, dass Herr Gomez genesen war und er wieder seinen Mann stand.

... der hübschen Asiatin entfuhr ein tadelndes »Alter geiler Bock!«. – »Nur kein Neid!«, erwiderte Herr Gomez.

4. Notfall
Verdachtsdiagnosen

Herrn Ibn Saleh ist übel

Wenn du merkst, du hast gegessen, hast du schon zu viel gegessen.
Sebastian Kneipp

Es gab Nudeln mit einer Tomaten-Paprika-Hackfleisch-Sauce. Hein kochte wie ein junger Gott, wenn er Zeit und Muße hatte. Danach sah die Küche zwar immer aus wie Pearl Harbour nach dem Luftschlag der Japaner, aber das kümmerte Hein wenig, denn wer kochte, war vom anschließenden Saubermachen befreit. Fertiggerichte zum Aufwärmen waren für Hein ein Graus, und so schnippelte er seelenruhig anderthalb Kilo Zwiebeln, ungefähr 100 Gramm Knoblauch sowie 20 Paprikaschoten. Es hatte etwas Meditatives, wie Hein die Paprikaschoten halbierte, die Kerne unter laufendem Wasser entfernte und anschließend die Früchte in dünne Streifen schnitt.

Nachdem alle Zutaten vorbereitet waren, begann Hein sein kulinarisches Werk. Begleitet von gelegentlichen Kommentaren, die er aus irgendwelchen Fernsehkochshows geklaut hatte, wie »Fett ist ein hervorragender Geschmacksträger!«, zerließ er mit glücklichem Gesichtsausdruck ein halbes Pfund Butter, um dann die Zwiebeln darin glasig zu schwitzen. In den Kessel folgten kurz darauf Paprika und Knoblauch, während ich, zum Hilfskoch befördert, fünf Kilogramm Hackfleisch, halb Rind, halb Schwein, anbriet, um sie dann portionsweise unter das Gemüse zu heben. Nach Zugabe erster Gewürze folgte nun die Erschaffung der eigentlichen Sauce. Hein überschüttete die Fleisch-Gemüse-Masse mit ungefähr drei Liter Tomatenketchup und spülte die Flaschen dann mit reichlich Sahne aus. »Sahne ist was fürs Herz!«, frohlockte er, während er den ganzen Mischmasch umrührte.

Anschließend folgten noch ein paar Feinarbeiten. Die Sämigkeit der Sauce wurde mit Gemüsebrühe variiert, frisch gehackte Petersilie zugeführt und das Ganze mit dem Gehabe eines Sternekochs abgeschmeckt. Hein leckte immer wieder eine Untertasse ab, die er mit einem professionellen Probierlöffel beträufelte, während ich sechs Kilogramm Nudeln ins kochende Wasser überführte. Als die Nudeln al dente waren, rief Hein die gesamte im Dienst befindliche Meute zu Tisch.

Auf meiner Wache arbeiten bis zu 20 Personen, aufgeteilt in Brandschutz und Rettungsdienst. Manchmal hat man Schwierigkeiten, auch nur einen oder eine davon zu finden, und das, obwohl kein Einsatz irgendwen zum Verlassen der Wache gezwungen hätte – versteckt, verschwunden, dematerialisiert. Als Hein allerdings per Lautsprecher verkündete: »Liebe Kollegen, guten Appetit, das Essen ist fertig!«, dauerte es nur zwei Minuten, und 18 Mann kamen wie Regenwürmer nach einem Wolkenbruch aus ihren Löchern gekrochen und saßen gierig am Tisch. Addieren Sie im Kopf ruhig noch einmal die angegebenen Zutatenmengen – nach 20 Minuten Gelage war bis auf wenige Reste nichts mehr übrig.

Hein und ich waren quasi schon vom Kochen satt und begnügten uns vergleichsweise mit einem Kinderteller, als ein Kollege sich berufen fühlte, das Mittagessen qualitativ zu kommentieren. »Zum Scheißen reichts!«, tönte er, obwohl er sich schon zweimal Nachschlag geholt hatte. »Nee, war nur Spaß, sehr lecker!«, korrigierte er sich lachend, als Hein leicht beleidigt aufstand, um die Mittagspause im Fernsehraum fortzusetzen. »Ich wünsch dir weiterhin einen guten Appetit und 'nen schönen Darmverschluss!«, konterte Hein betont freundlich, ehe er endgültig den Raum verließ.

Hein fläzte sich auf unsere grüne speckige Couch und ich belagerte vollgefressen und träge einen Sessel, während Ralf sich dem Zappen hingab. Um die Mittagszeit darf man sich nicht mit zu hohen Erwartungen vor die Flimmerkiste setzen, ein Vaterschaftstest jagt den nächsten und Menschen mit einem unscharfen Gefühl für peinliche Situationen werden der Lächerlichkeit preisgegeben. Sei's drum, schlimm wird es erst, wenn diverse Sender ihre Werbepausen für sinnbefreite Quizshows oder Rätselfragen missbrauchen. »Woher stammt der Begriff ›Mafia‹? A – Italien oder B – Schweden!« – »Wer macht die Wurst? A – Konditor oder B – Metzger.« Wer sein Publikum auf dieses Niveau herabwürdigt, der züchtet potenzielle Amokläufer und Freizeitterroristen. Es würde mich jedenfalls nicht wundern, wenn sich irgendwann jemand mit überdurchschnittlichem IQ berufen fühlt, die technischen Sendeeinrichtungen von irgendwelchen Privatsendern in die Luft zu sprengen.

Mein Funkmeldeempfänger piepste und vibrierte am Gürtel. Die folgende Alarmierung würde das Suppenkoma beenden und uns von trivialer Fernsehberieselung erlösen. »Gott sei Dank!«, entfuhr es Hein und einen Augenblick später sprach auch schon die bekannte Stimme aus der Wand und schickte uns in die Bischof-Klingen-Straße 3 zu einer internistischen Erkrankung. Ironischerweise wird die genannte Straße fast ausschließlich von muslimischen Mitbürgern bewohnt, und so standen wir wenige Minuten später vor einem Hauseingang mit ausschließlich fremdländisch klingenden Namen. »Phuk Phan, Samadami, Hussein, Ibrahimi, Ibn Saleh – das muss es sein«, resümierte ich, nachdem ich alle Namen laut vorgelesen hatte. Auf dem Ausdruck, der die Alarmierung dokumentierte, stand zwar »Isalek« als Name, aber Leitstellendisponenten sind durchaus herausgefordert, die Vielzahl phonetisch abenteuerlicher Namen immer korrekt wiederzugeben. Hier und da sind vor Ort ein wenig Fantasie und Kombinationsgabe zwingend erforderlich.

Nachdem wir geklingelt hatten, verging ein Moment, bevor über eine Gegensprechanlage ein gequältes »Moment bitte!« zu hören war. Ein paar Sekunden später surrte der Türöffner und ein ebenfalls gequältes »2. Stock« hallte durchs Treppenhaus. Dort angekommen, empfing uns, erschöpft an den Türrahmen gelehnt, ein Herr in den Vierzigern, der die gesunde Hautfarbe seiner offensichtlich arabischen Abstammung gegen ein fahles Aschgrau eingetauscht hatte. »Tamer Ibn Saleh, kommen Sie doch bitte herein, meine Frau macht mir gerade einen Tee, mir ist fürchterlich schlecht!«, sagte er akzentfrei in feinstem Hochdeutsch, jedoch leicht würgend zur Begrüßung. Hein bat den Herrn, sich zunächst im der Diele gegenüberliegenden Wohnzimmer hinzusetzen, während ich das Umfeld der Einsatzstelle auf mich wirken ließ. Eingerahmte arabische Schriftzüge hingen an den Wänden und riesige an den Rändern gefranste Teppiche zierten die Böden. Der obligatorische XXL-Flachbildfernseher hing an der Wand und traditionelle Vasen und Teller sorgten für ein gemütliches Flair.

»Warum, oder besser, wovon ist Ihnen denn übel?«, begann Hein, Nachforschungen anzustellen. »Wenn ich das wüsste! Ich kann Ihnen nur sagen, dass ich mich eben erbrochen habe wie noch nie in meinem Leben und dass mir schwindlig ist«, antwortete Herr Ibn Saleh und zuckte ahnungslos mit den Schultern. Hein holte gerade Luft, um weitere Fragen zu stellen, als die Frau des Patienten den Raum betrat. Sie servierte ihrem Mann eine Tasse Tee, der raumfüllend nach Gewürzen roch, und brabbelte währenddessen lautstark auf Arabisch, wovon weder Hein noch ich auch nur eine Silbe verstand. Gerade wollte ich möglichst höflich unterbrechen, als es erneut klingelte. Immer noch wortreich eilte diesmal die fürsorgliche Gattin zur Tür, um Augenblicke später mit zwei Herrschaften zurückzukehren, die dem Herrn des Hauses so ähnlich sahen, dass es nur seine Brüder sein konnten. Sofort entstand ein arabisch geführtes Gespräch, das gestenreich immer lauter wurde, sodass Hein und ich nach kurzer Zeit wie Statisten wirkten.

Nach ungefähr einer Minute fasste ich mir ein Herz. »Ich möchte nicht unhöflich erscheinen, aber wir sind auch noch da! Außerdem würden wir gern klären, warum sich der Herr übergeben hat und warum ihm immer noch übel ist«, mischte ich mich ebenfalls lauthals ins Gespräch ein. Etwas pikiert erstarb die temperamentvolle Diskussion und Hein und mir wurde das Feld der medizinischen Erkundung überlassen. »Wie sah das Erbrochene denn aus?«, fragte Hein unseren Patienten. »Na, ekelhaft, und wie schon mal gegessen«, antwortete Tamer Ibn Saleh mit bestechender Logik. »Nein, ich meine: Gab es irgendwelche Auffälligkeiten? Zum Beispiel eine ungewöhnliche Färbung, dunkel teerartig, oder eher hellrot wie frisches Blut?«, fragte Hein nun genauer nach. »Vielleicht ein bisschen wie Blut«, antwortete seine Frau, die anscheinend auch Zeuge des Auswurfs geworden war. »Möglicherweise ein Magengeschwür. Ist in dieser Richtung irgendetwas bei Ihnen bekannt? Oder haben Sie oft Sodbrennen?«, fragte Hein mutmaßend weiter. »Nein, es begann ganz plötzlich«, antwortete unser Patient. »Hatten Sie heute Stress oder haben Sie sich vor irgendetwas geekelt?«, forschte ich nun weiter, erhielt aber ebenfalls keine bestätigende Antwort. »Sind Sie in den letzten 24 Stunden gestürzt oder hatten Sie plötzlich einsetzende Kopfschmerzen?«, setzte ich die Befragung fort. »Nein, nichts dergleichen, es ist nichts Außergewöhnliches passiert!«, erklärte Herr Ibn Saleh mit Nachdruck. Zwischendurch musste er immer wieder aufstoßen, was manchmal in ein leichtes Würgen überging. »Gibt es sonstige Vorerkrankungen, von denen wir wissen sollten? Ein früherer Herzinfarkt, Diabetes etc.?«, wollte Hein nun wissen und setzte das medizinische Kreuzverhör fort. Unterdessen verkabelte ich unseren Patienten mit verschiedenen Manschetten und Sensoren.

»Vielleicht ein Magen-Darm-Infekt?«, schlug einer der Brüder eine weitere Verdachtsdiagnose vor. »Möglich«, antwortete Hein, relativierte aber anschließend die Wahrscheinlichkeit: »Für Magen-Darm ist gerade keine Saison, und feststellen können wir es hier vor Ort auch nicht.« Es vergingen ein paar Sekunden der Stille, bis Hein die nächste Idee ausgebrütet hatte: »Vielleicht eine Vergiftung. Was haben Sie denn heute und gestern gegessen? Irgendwas mit rohen Eiern, rohem Fisch oder selbst gesammelte Pilze?«, eruierte Hein in ernstem Tonfall.

Da der Herr des Hauses gerade wieder ein wenig würgte, antwortete seine Gattin: »Nun ja, gestern war der erste Tag des Fastenbrechens ...« – »Der Name passt ja!«, bemerkte Hein unpassend. »Wie ich schon sagte, der erste Tag des Fastenbrechens, Sie kennen es vielleicht als Zuckerfest. Wir feiern drei Tage, wenn der Ramadan zu Ende ist, und laden uns in der Familie und unter Freunden gegenseitig zum Essen ein. Gestern waren wir bei meiner Mutter und bei seinem Cousin und heute war die Verwandtschaft bei uns. Es gibt immer reichlich zu essen: Auberginencreme, Oliven, Spinat mit Joghurt, gebratenen Reis, Salate, gebratenes Rind, Lamm und Hähnchen und natürlich viele Kuchen und Süßigkeiten«, erklärte die gute Seele ausführlich den kulinarischen Verlauf der letzten beiden Tage. »Mit anderen Worten – Sie essen quasi seit zwei Tagen ununterbrochen«, resümierte Hein mit fast zweifelnder Stimme. »Könnte man sagen«, antwortete einer der Brüder des Patienten knapp. Für einen Moment erinnerte mich ein eigenes leichtes Völlegefühl an das kürzlich genossene Mittagessen auf der Wache, als Hein erneut das Wort ergriff.

»Nun, hier vor Ort können wir weder einen Magen-Darm-Virus noch eine Lebensmittelvergiftung und auch nicht das kalendarisch bedingte »mal eben Überfressen« ausschließen. Wenn ich mir Ihre Werte anschaue, ist augenscheinlich alles in Ordnung. Blutdruck, Herzfrequenz und EKG sind völlig unauffällig. Um eine abschließende Antwort zu erhalten, werden Sie uns ins Krankenhaus begleiten müssen«, sagte Hein zu Tamer Ibn Saleh und schaute nochmals auf das laufende EKG.

Nach kurzer arabischer Diskussion stand fest: Herr Ibn Saleh würde uns ins zuständige Krankenhaus begleiten. Kurz wurde noch eine Tasche mit den nötigsten Hygieneartikeln gepackt, dann machten wir uns auf den Weg zum Rettungswagen. Den

Weg durchs Treppenhaus wollte unser Patient unbedingt selbst zurücklegen, unser Angebot, ihn zu tragen, lehnte er ausdrücklich und kategorisch ab, männlicher Stolz und eventuelle Blicke von Nachbarn waren auch von Übelkeit geplagt nicht miteinander vereinbar.

Im Rettungswagen angekommen, nahm Tamer Ibn Saleh auf der Trage Platz. Das Kopfteil wurde aufgerichtet, der Patient wurde angeschnallt und ich überreichte fast feierlich einen Brechbeutel. »Nur für den Fall der Fälle!«, kommentierte ich vorausschauend.

Hein fuhr so vorsichtig und behutsam wie möglich, jedoch überkam es unseren Patienten, noch bevor wir die Bischof-Klingen-Straße verlassen hatten. Von einem animalischen »brröööhhhhhh« begleitet füllte Herr Ibn Saleh fast den gesamten Beutel. Ich war beeindruckt. Von zwei Liter Fassungsvermögen waren mit einem Wurf zwei Drittel ausgeschöpft.

Im Geiste dankte ich dem Kollegen, der vor Kurzem dafür gesorgt hatte, dass Nierenschalen aus Pappe durch formstabile Kunststoffbeutel ersetzt worden waren. Pappnierenschalen sind aus zwei Gründen ungeeignet für die Aufnahme von Erbrochenem: Erstens ist das Fassungsvermögen oftmals zu gering und zweitens fungieren sie häufig nur als Sprungschanze für Kotze, zumindest falls diese mit zu viel Schwung eingebracht wird. In Gedanken sinnierte ich noch über die Vorteile von Kunststoffbrechbeuteln, als unser Patient mich erneut beeindruckte. »Haben Sie noch einen von den Beuteln?«, brachte er, von Brechreiz geschüttelt, hervor. Fassungslos kramte ich eilig einen weiteren Beutel aus einer Schublade, gab ihn unserem Patienten und nahm den bereits gefüllten in Empfang. Keine Sekunde zu früh, wie sich zeigte, es erklang erneut ein lautstarkes »brrröööhhhh« und auch der zweite Beutel war bis zur Hälfte gefüllt.

»Kann es sein, dass Sie sich einfach nur überfressen haben?«, fragte ich konsterniert, während sich langsam ein süß-säuerlicher Geruch im Patientenraum des Rettungswagens ausdehnte. »Kann sein. Aber jetzt ist besser!«, antwortete Herr Ibn Saleh erschöpft, aber mit glücklichem Gesichtsausdruck. Die weitere Fahrt ins Krankenhaus verlief unspektakulär ohne erneuten Auswurf. Ich verschloss beide Beutel mit Clips, die eigentlich als Nabelschnurklemmen gedacht waren, und begann die schriftliche Dokumentation, als Hein kurz darauf in die Fahrzeughalle der Krankenhausambulanz einbog.

Wenig später wurde unser Patient von Hein und mir mittels Fahrtrage aus dem Rettungswagen geladen, und Hein machte sich, die Trage schiebend, bereits auf den Weg in die Ambulanzräume, als ich ihn mit einem »Moment bitte!« zum Warten aufforderte. »Was denn noch?«, fragte Hein mürrisch, als ich mit den beiden gefüllten Brechbeuteln in den Händen aus dem Patientenraum ausstieg. »Wie viel? Und woher?«, brachte er nur noch staunend hervor. »Das Resultat deiner Fahrweise«, antwortete ich ironisch frotzelnd, denn Hein hatte sich wirklich größte Mühe gegeben, patientenschonend zu fahren. Sein ärgerlicher Blick traf spürbar meinen Rücken, als ich an ihm vorbei in Richtung der automatischen Eingangstür ging.

Wie heiße fettige Pfannen trug ich die Beutel vor mir her, als sich die Flügeltüren öffneten und mir eine Krankenschwester entgegenkam, die ich noch nie zuvor gesehen hatte – ich war sofort verliebt. Langes braunes Haar umspülte wie flüssiges Ebenholz ihre Schultern, in ihrem weißen Kittel versprühte sie Unschuld und Güte, doch ihr Lächeln, das Lahme wieder gehen ließ, erstarb augenblicklich, als sie die Beutel mit Erbrochenem sah. »Hören Sie auf zu sabbern. Wenn Sie unserer Lena imponieren wollen, dann hätten Sie besser Blumen mitgebracht«, meinte der aufnehmende Arzt, der gerade aus einem der Behandlungsräume getreten war und meinen schmachtenden Blick richtig interpretierte. »Lena? Lena? Heißt so nicht auch eine altdeutsche Kartoffelsorte?«, fragte Hein die überflüssigste aller denkbaren Fragen. Lena wollte

Wie heiße fettige Pfannen trug ich die Beutel vor mir her, als sich die Flügeltüren öffneten und mir eine Krankenschwester entgegenkam, die ich noch nie zuvor gesehen hatte – ich war sofort verliebt.

gerade aufbrausen, als der diensthabende Internist sie rettete: »Lena, bringen Sie doch bitte eine Probe von dem Erbrochenen ins Labor, für eventuelle Tests. Den Rest in den Eimer! Und nun zu unseren beiden Freunden des herben Charmes, macht mir bitte eine Übergabe bezüglich des Patienten. Guten Tag übrigens, mein Name ist Dr. Schink.«

Lena machte sich auf den Weg ins Labor und würdigte uns keines Blickes mehr, während ich frustriert die Vielzahl unserer Verdachtsdiagnosen aufzählte, um am Ende zugeben zu müssen, dass ich, abgesehen vom »Überfressen«, nichts medizinisch Relevantes zu übergeben hatte. Wir brachten Herrn Ibn Saleh in Behandlungsraum vier und verabschiedeten uns, während Dr. Schink begann, unsere Untersuchungen zu wiederholen beziehungsweise zu erweitern.

In der Fahrzeughalle platzte mir der Kragen. Ich nahm mir Hein zur Brust: »Sag mal, hast du sie noch alle? ›Lena – altdeutsche Kartoffelsorte‹? Geht's noch? Was ist denn ein Hein? Ne neudeutsche Idiotensorte, oder was? Bei dir kommt doch nicht alles aus dem Kopf – altdeutsche Kartoffelsorte, das muss man sich mal auf der Zunge zergehen lassen. Als Nächstes hättest du wohl noch gefragt, ob sie mehlig oder festkochend ist! Weißt du was, du Arsch ...« – »Langsam!«, unterbrach mich Hein. »Erstens ist die Gute vergeben. Zweitens steht sie auf Bürohengste und drittens wurde ich von der Schönheit bereits vor drei Tagen geblendet und besitze daher einen gewissen Informationsvorsprung. Also ganz ruhig, Brauner, eigentlich wollte ich nur sehen, ob neben Schönheit auch Humor vorhanden ist – der hält nämlich länger!«, belehrte mich Hein mit väterlichen Worten.

Schmollend setzte ich mich auf den Fahrersitz und fuhr wortlos zurück zur Wache. Ich war sauer. Sauer auf Hein, sauer aufs Universum – warum hatte ich volle Brechbeutel in der Hand, als ich Lena zum ersten Mal begegnete? Den ersten Eindruck gibt es schließlich nicht zweimal. Egal, wann ich ihr wieder begegnen würde – sie würde sofort an volle Brechbeutel denken müssen. Sauer war ich aber auch auf mich selbst. Medizinisch hatte ich nicht gerade eine Glanzleistung vollbracht – ich hatte auch nach längerem Grübeln immer noch keine Idee, warum sich unser Patient so imponierend übergeben hatte. Zu viel gegessen hatte ich auch schon oft, ich denke da an jeden zweiten Grillabend. Ein halbes Schwein auf Toast an Eichblattsalat, mit weniger steh ich selten vom Tisch auf, und das, ohne mir anschließend die Seele aus dem Leib zu kotzen. Mir ließ es keine Ruhe. Auf der Wache angekommen, rief ich Dr. Schink an.

»Sie hatten kaum eine Chance. Notfallmedizinisch haben Sie nichts falsch gemacht, so was hat man im Rettungsdienst kaum auf dem Radarschirm – der Herr Ibn Saleh hatte einen Hörsturz, das hat den Gleichgewichtssinn geärgert, daher der Schwindel und die Übelkeit – zu viel gegessen hatte er obendrein, eigentlich ziemlich harmlos der Fall«, beruhigte mich Dr. Schink.

»Bevor ich es vergesse ... Ich soll Ihnen noch einen schönen Gruß von Lena ausrichten, sie freut sich immer, wenn man ihr etwas mitbringt!«, wiederholte er süffisant seine verbale Spitzfindigkeit, und streute ganz nebenbei noch etwas Salz in die offene Wunde.

5. Notfall

Der Wasserschaden

Eine Hilfeleistung – und eine pädagogische
Meisterleistung à la Hein

Jede Gesellschaft hat die Jugend, die sie verdient.
Volksmund

Fabian betrat den Aufenthaltsraum. Er hatte eine Flasche Malzbier und eine Tüte Kartoffelchips in der Hand, setzte sich zu uns und genoss aufgrund der mitgebrachten Nahrungsmittel die volle Aufmerksamkeit. Fabian war ein junger Kollege, noch in der Ausbildung, gerade 21 Jahre alt und noch auf der Suche nach seinem Platz in der Rang- bzw. Hackordnung. Es war mutig genug, sich zu einer Runde altgedienter Kollegen dazuzusetzen und somit die bestehende Gruppendynamik zu stören, aber Fabian ergriff darüber hinaus auch noch selbstbewusst das Wort.

»In der zuständigen Schublade in der Küche war kein Öffner. Wer kann mir mal bitte die Flasche aufmachen?«, fragte er mit leicht forderndem Tonfall. Keiner der Kollegen antwortete, stattdessen starrten fünf Augenpaare abwechselnd und ungläubig auf Fabian und seine Malzbierflasche. Es verging eine Weile, bis Uwe sich erbarmte und ihm wortlos ein Feuerzeug zuwarf. »Damit kann ich es nicht«, sagte Fabian kleinlaut und ahnte bereits, dass dies keine gute Antwort war.

Man könnte auch sagen: Fabian hatte mit dieser Aussage sein abendliches Todesurteil ausgesprochen, denn jetzt entlud sich über ihn ein Gewitter aus altbackenen Vorwürfen (»Wer keine Flasche mit 'nem Feuerzeug öffnen kann, der ist kein richtiger Mann!«) beziehungsweise väterlicher Hilfsbereitschaft (»Komm mal her, mein Junge, ich zeig dir das jetzt mal«). Fabian wehrte sich: »Ich will nicht, ich habe normalerweise immer ...« Aber es half nichts. Wenig später saß er da, mit der einen Hand den Flaschenhals umfassend, in der anderen das Feuerzeug, um zwischen Kronkorken und Zeigefinger eine Hebelwirkung zu vollziehen. Nach jedem missglückten Versuch war er dem Hohn und Spott der Anwesenden ausgesetzt und was mancher als Mobbing bezeichnen würde, galt hier als gesunde soziale Härte. »Was lernt ihr heute eigentlich in der Schule?«, fragte Manfred kopfschüttelnd, während Lothar versuchte, im Rahmen einer Stationsausbildung Fabian die notwendigen Handgriffe einzeln zu vermitteln. »Mach doch mal die Chipstüte auf! Mal sehen, ob das ohne Feuerzeug funktioniert!«, forderte Hein süffisant, und Fabian zögerte keine Sekunde, seine Fingerfertigkeit wenigstens an der Kunststofftüte zu beweisen.

»Das sah doch schon ganz gut aus!«, meinte Hein, als er nach der Chipstüte griff, während Fabian von Lothar wieder zu praktischen Übungen an der Flasche genötigt wurde. Die Tüte mit den hauchdünn frittierten Leckereien war fast leer, ohne dass Fabian auch nur eine einzige Kartoffelscheibe genossen hätte, als ein Alarm ihn aus der Kronkorken-Feuerzeug-Lektion befreite.

»Wasserschaden in der Königsstraße 114, 13. OG bei Schigulla, Einsatz für das Löschfahrzeug der Nordwache«, dröhnte es aus dem Lautsprecher. Alle alarmierten Kollegen sprangen auf und eilten zum Fahrzeug.

Wasserschäden sind eine vielfältige Sache. Die Palette reicht von überfluteten Straßenunterführungen nach Starkregen über Rohrbrüche in der Wohnung bis hin zu löschtaktischen Fehlern der Feuerwehr. Um letztgenannte Kategorie ranken sich sagenumwobene Feuerwehrlegenden, bei denen ganze Etagen mit Wasserwerfern geflutet wurden, ohne dabei den eigentlichen Brandherd zu bekämpfen. Leider ist es dem Autor nicht gelungen, den Wahrheitsgehalt dieser Legenden zu verifizieren.

Im Übrigen sind Wasserschäden häufig mit einer kaum vermuteten Emotionalität verbunden. Stellen Sie doch mal einem Wohnobjekt mit 30 Parteien am Samstagabend den Strom ab. Sie glauben, Sie hätten einen guten Grund, nachdem sich das feuchte

Nass über die Elektroverteilung im Haus ausgebreitet hat. Weit gefehlt! Wenn es gut läuft, gebe ich Ihnen eine halbe Stunde, dann steht Ihnen ein mit Mistgabeln und Sensen bewaffneter Mob gegenüber, der Ihnen erklärt, wie wichtig ein funktionierender Fernseher ist. Selbst wenn das Wasser plätschernd aus den Steckdosen läuft.

Mein schönster Wasserschaden bestätigt übrigens das Sprichwort »Steter Tropfen höhlt den Stein«, bzw. füllt die Wohnung.

In diesem Fall hatten sich bereits Schmieralgen auf den Steinstufen vor der Haustür gebildet, als der erste Nachbar aufmerksam wurde. Genährt durch ein minimales Rinnsal, hingen die grünlichen, verwobenen Fäden an den grauen Basaltsteinen herab und ließen nichts Gutes ahnen. »Was können Sie uns denn über das Objekt sagen?«, fragte ich den anwesenden Nachbarn, einen gewissen Herrn Fischer.

»Ach wissen Sie, viel kann ich Ihnen nicht sagen. Der eigentliche Besitzer wohnt ja in Spanien, der letzte Mieter, ja, wie soll ich sagen, der wohnt seit circa drei Monaten in Staatspension – Untersuchungshaft, Sie wissen schon. Irgend so ein windiger Immobilienvogel, na ja, Pornos hat er wohl auch gedreht, aber dafür kommt man ja nicht gleich ins Gefängnis, wie dem auch sei, seitdem steht das Haus leer. Ich geh hier alle zwei Wochen mal ums Haus, nur um zu sehen, ob noch keiner eingebrochen ist«, antwortete Herr Fischer ausführlich.

»Hat jemand in der Nachbarschaft vielleicht einen Schlüssel für das Haus?«, erkundigte sich Hein. Der Nachbar schüttelte den Kopf. »Mit uns wollte der feine Herr keinen Kontakt haben, hier waren nur Herrschaften mit dunklen Sonnenbrillen erwünscht«, fügte er noch augenzwinkernd hinzu. »Na, dann werden wir uns wohl gewaltsam Zutritt zum Haus verschaffen müssen«, meinte Ralf, unser Zugführer vom Tage, trocken, bevor er entsprechende Anweisungen gab.

Es dauerte ein paar Minuten, bis Hein ohne größere Kollateralschäden das Schloss geknackt hatte, die Türe sich öffnete und uns sofort feucht-modrige, ja fast schimmlige Luft entgegenwaberte. Im Haus war es dunkel, alle Fensterläden waren verschlossen, und der Versuch, das Licht einzuschalten, blieb erfolglos. »Offenbar wurde wenigstens der Strom abgeschaltet«, bemerkte Ralf, als er seine Taschenlampe einschaltete und den ersten Fuß auf den Teppichboden im Flur setzte. Sein Stiefel wurde sofort von einer kleinen Wasserlache umrandet. »Das sieht gar nicht gut aus!«, dachte er laut, bevor er Hein und mich ins Obergeschoss schickte. Unser Weg führte über eine enge Holztreppe, an deren Wandseite ebenfalls ein kleines Rinnsal erkennbar war und deren Stufen vom Wasser bereits aufgequollen waren. »Es scheint von oben zu kommen!«, rief ich zu Ralf hinunter, während mein Kopfkino einen Film zeigte, in dem der zwielichtige Mieter alle Abflüsse verstopft und anschließend das Wasser aufdreht. Quasi als Abschiedsgeschenk, bevor er seine Haftstrafe antritt.

Im Obergeschoss angekommen, war ein dezentes Rauschen und Plätschern wahrnehmbar. Wir folgten den Geräuschen und in einem fast leer stehenden Zimmer erblickten wir dann, durch unsere Taschenlampen angestrahlt, eine unerwartete Pracht, sozusagen das Highlight dieses Wasserschadens. Auf geschätzten 15 Quadratmetern wuchsen Pilze. Nicht drei oder vier, nein, es waren Hunderte! Fünf bis sechs Zentimeter hoch wuchsen sie auf dem Teppich, wie wir sie im Herbst aus unseren Wäldern und Wiesen kennen – ein unvergesslicher Anblick.

Bei der weiteren Suche nach der Ursache wurden wir in einem Badezimmer fündig. Mein Kopfkino hatte dem Mieter unrecht getan. Es war kein Abfluss mutwillig verstopft worden, nur eine alte Wasserzuleitung der Dusche war, gelinde gesagt, undicht. Das Metallrohr war auf einer Länge von mehreren Zentimetern wahrscheinlich aufgrund von Materialermüdung gerissen. Das herausspritzende Wasser verteilte sich halb in die Dusche, wo es ablaufen konnte, und halb ins restliche Badezimmer, von wo aus es langsam, aber sicher den Rest des Hauses erobert hatte.

Der Rest war einfach. Nachdem auf Ralfs Anweisung die Wasserzuleitung zum gesamten Haus verschlossen wurde, war der nasse Nachschub schnell erschöpft, wir hatten unsere Schäfchen quasi im Trockenen. Geholfen hat es nicht viel – das Haus wurde wenig später vollständig abgerissen.

Doch genug der Erinnerung, denn auch unser heutiger Wasserschaden hatte besondere Momente. Theo brachte unser Löschfahrzeug zum Stehen, wir hatten die Königsstraße 114 erreicht. »Du, Hein und Fabian, ihr drei kommt mit mir, nehmt nur den Werkzeugkoffer mit, wir erkunden erst mal die Lage«, befahl unser Zugführer, dem wir unauffällig in Richtung Hauseingang folgten.

Im Flur der in der Meldung genannten Etage erwartete uns bereits eine offen stehende Wohnungstür. Zunächst blieben wir stehen und klingelten, um uns bemerkbar zu machen. »Hier, hier, Hilfe!«, rief eine weibliche Stimme, und im Flur der Wohnung erschien für einen Sekundenbruchteil die Silhouette einer Frau, die mit einer Plastikschüssel von links nach rechts rannte. Wir schauten uns verdutzt an, als sie auch schon wieder zurückrannte und wieder ein »Hier, hier, Hilfe!« ertönte. »Jetzt aber zack, zack!«, rief Ralf und wir folgten ihm unverzüglich in die Wohnung.

Dort angekommen, erklärte sich die Problematik relativ schnell. In der ans Wohnzimmer angrenzenden Küche quoll Wasser aus dem Spülbecken. Kein sauberes Trinkwasser, nein, es sah eher aus wie das Spülwasser einer Großkantine. Eine graubraune, mit Essensresten und sonstigen Schwimmkörpern garnierte Brühe pulsierte aus dem Abfluss ins Becken und hatte fast den oberen Rand der Spüle erreicht. Eine kräftige Frau mit dunklen Haaren versuchte, das Schlimmste zu vermeiden, indem sie mit der Plastikschüssel bewaffnet immer wieder die seifig riechende Brühe abschöpfte und sie eilig in der Toilette entsorgte. Der Kampf war nicht nur kräftezehrend, er schien auch mittel- bis langfristig aussichtslos, da der Wasserstand im Spülbecken trotz aller Versuche langsam, aber stetig stieg. Ein wenig erinnerte die Szenerie an eine TV-Spielshow, in der Kandidaten eigentlich unlösbare und sinnbefreite Aufgaben lösen sollen, um am Ende der Sendung das Auto leider nicht zu gewinnen.

»Wahrscheinlich ist eine Hauptabwasserleitung verstopft und jetzt drückt die Scheiße zurück in die Wohnungen. Die Nachbarn lassen uns quasi ein wenig am Abwasch teilhaben. Das hier ist das kleinste Übel, das eigentliche Problem liegt ganz woanders«, erklärte Ralf seine Sicht der Dinge. »Ihr drei regelt das hier! Fabian, du löst die arme Frau ab! Ich gehe runter und versuche, den Haustechniker zu erreichen«, fuhr er im Befehlston fort und verschwand im Treppenhaus.

Fabian übernahm die Plastikschüssel und die Wohnungsinhaberin ließ sich dankbar auf einen Stuhl gleiten, um im Anschluss nervös an ihrem auf dem Küchentisch liegenden Mobiltelefon herumzufummeln. »Wir müssen irgendwie den Zufluss reduzieren!«, meinte Hein, zog seine Jacke aus, krempelte den Ärmel seines Sweatshirts hoch und ließ seine linke Hand beherzt in der Brühe verschwinden. »Ist das eklig!«, entfuhr es ihm angewidert, aber er war in der Lage, das Nachströmen des Abwassers zu bremsen, indem er seine flache Hand auf den Abfluss drückte. Fabian gab derweil sein Bestes und rannte mit der Plastikschüssel hektisch zwischen Küche und Toilette hin und her.

Die Schüssel fasste höchstens einen Liter. Auf der Suche nach einem geeigneteren Gefäß ließ ich daher meinen Blick durch die Wohnung wandern, als ich glaubte, meine Wahrnehmung würde mir einen Streich spielen. Durch die Türe konnte ich nur einen Ausschnitt des Wohnzimmers erkennen, aber der Couchtisch, den ich sehen konnte, wurde von zwei übereinandergeschlagenen Beinen belagert, deren Füße in schneeweißen Turnschuhen steckten. »Wer ist das denn?«, fragte ich verwundert, als auch Hein meinem Blick folgte. »Mein Sohn!«, entfuhr es der Frau auf dem Küchenstuhl in fast bedauerndem Tonfall.

»Das darf ja wohl nicht wahr sein! Ablösung!«, ereiferte sich Hein an mich gewandt, als er seinen Posten verließ und ins Wohnzimmer stürmte. Nun versenkte ich meinen Arm im Waschbecken und verfolgte interessiert Heins Treiben. Zunächst blieb ihm fassungslos der Mund offen stehen. Auf der Sitzgarnitur im Wohnzimmer hatte Sohnemann es sich gemütlich gemacht. Gewandet in Ed-Hardy-Baseballmütze, Ed-Hardy-Pullover, eine viel zu große Jeans und weiße Turnschuhe fläzte er sich als lebende Werbetafel auf der Couch und spielte gedankenversunken ein Ballerspiel mit einer bekannten Spielekonsole.

Hein war wenig amüsiert. Seine Gesichtsfarbe tendierte ins Rötliche, als er sich noch einmal umdrehte. »Wie alt ist Ihr Sohn?«, fragte er mit gestauten Halsvenen, um einen ruhigen Ton bemüht. »15«, antwortete die Mutter fast teilnahmslos, woraufhin Hein sich seinen Emotionen ergab.

»Hast du eine Bombe geköpft oder was?«, brach es lauthals aus ihm heraus. Der kleine Pascha, der bis dahin keinerlei Notiz von uns genommen hatte, zuckte erschrocken zusammen. »Eh, ich bin ...«, weiter kam er nicht. »Was du bist, ist mir schon klar!«, unterbrach Hein ihn barsch. »Du bist eine faule Figur, die die eigene Mutter im Stich lässt. Schäm dich, du Schnösel! Deine Mutter kämpft hier gegen die Sauerei, klappt bald zusammen und der Herr des Hauses hat nichts Besseres zu tun, als in gefälschten Markenklamotten auf der Couch rumzugammeln. Aber warte ab, dir zeig ich, was ich von archaischer Rollenverteilung zwischen Mann und Frau halte!«, unterbrach Hein ihn unsanft mit einem kleinen verbalen Feuerwerk.

Hein hatte aber gerade erst begonnen, bisher versäumte pädagogische Maßnahmen nachzuholen. Er schnappte sich den kleinen Egomanen am Schlafittchen und nötigte ihn in die Küche. Dort angekommen, krempelte Hein den Ärmel des Ed-Hardy-Pullovers bis über den Ellbogen des jungen Mannes hoch, deutete mir mit einer Geste an, zu verschwinden, und gab dem Schnösel eine praktische Unterweisung im Abflussverstopfen.

Hein hatte aber gerade erst begonnen, bisher versäumte pädagogische Maßnahmen nachzuholen. Er schnappte sich den kleinen Egomanen am Schlafittchen und nötigte ihn in die Küche.

Der Mutter huschte ein zufriedenes Lächeln über das Gesicht, als wir unvermittelt Gesellschaft bekamen. Der Raum verdunkelte sich merklich, als der große Bruder des zur Mithilfe angehaltenen Jungen eintrat. Und wenn ich großer Bruder schreibe, dann meine ich auch großer Bruder. »Eh, was ist hier los?«, tönte es brummend aus einem 190 Zentimeter großen Hünen, dessen Oberarme die Dimension meiner Oberschenkel hatten und dessen Gesamteindruck nicht an Gandhi erinnerte.

Heins Sinne waren in seiner Rage noch nicht wieder auf das Erkennen von Gefahren geeicht und so er erkundigte er sich erst mal nach der Rechtmäßigkeit der Anwesenheit. »Und wer sind Sie? Können wir Ihnen irgendwie helfen?«, fragte Hein barsch. »Ich bin ihr Sohn, und das ist mein kleiner Bruder«, antwortete der Muskelberg mit bestechender Präzision, auf seine Angehörigen deutend. Hein realisierte, dass nun er wieder an der Reihe war, sich irgendwie zu erklären. Er entschloss sich für Angriff als beste Verteidigung: »Ihre arme Mutter …, Ihr faules Brüderchen …, fehlende Hilfe …, kein Respekt vor den Eltern …« etc. Eine Reaktion erfolgte prompt. Hein hatte erreicht, was er wollte. Nachdem der Kleine ermahnende Worte seines großen Bruders mit Widerworten beantwortete, setzte es ein paar ordentliche familieninterne Backpfeifen, die alle Unklarheiten zwischen den Brüdern schlagartig beseitigten.

Ralf kehrte irgendwann außer Atem zurück und verkündete, das Abwasser würde jetzt wieder ablaufen, es hätte zwar in der Zwischenzeit die Aufzüge außer Gefecht gesetzt, aber die Haustechnik würde sich um alles kümmern. Mehr war für uns nicht zu tun. Wir verabschiedeten uns, wünschten noch viel Glück bei der Bewältigung der Gemengelage und Hein sinnierte noch etwas über die »Jugend von heute«, bevor er sich mit erhobenem Zeigefinger an Fabian wandte: »… und deine Kronkorken-Feuerzeug-Lektion, die ist auch noch nicht vorbei!«

6. Notfall

Das Festival

Eine Geschichte über einen Hardcore-Fan, einen Höhlentroll, ein Pop-Sternchen und eine Bisswunde

Der größte Teil der kulturellen Produktion der letzten Jahrzehnte wäre durch einfaches Turnen und zweckmäßige Bewegung im Freien mit großer Leichtigkeit zu verhindern gewesen. Bertolt Brecht

Alle Jahre wieder organisiert die Eventabteilung meiner Heimatstadt einen Kultursommer, der sich gewaschen hat. Regionale Bands spielen kostenfrei auf heimischen Marktplätzen und Industriefesten, Heino und Konsorten tingeln über die Sommerfeste in Altenheimen und eine unaussprechliche, aber sündhaft teure asiatische Geigenvirtuosin spielt im Rathaus zum Jahrestag der Stadtgründung.

Da dieses Jahr ein rundes Stadtjubiläum zu feiern war, hatte man diesmal zum ganz großen Wurf ausgeholt. Am letzten Wochenende der Sommerferien sollte sich auf einem ehemaligen Kasernengelände das Who is Who der nationalen und internationalen Pop- und Rockszene drei Tage lang die Klinke in die Hand geben. Es verstand sich natürlich von selbst, dass Hein und ich dabei nicht fehlen durften.

Die logistische Herausforderung, ein solches Festival zu organisieren, ist immens. Die große Idee ist schnell geboren, aber schnell belästigen Detailfragen, wie die Anzahl der Dixi-Klos, die Breite von Rettungswegen oder Spezialwünsche einer Künstlerdiva die Planer. Hein und ich betrachteten die Veranstaltung als schöne Abwechslung vom Rettungsdienstalltag und so hatten wir uns für vier Tage in den Festivalschichtplan eingetragen. Am ersten Tag sollten wir für den Fall von möglichen Arbeitsunfällen während des Bühnenaufbaus bereitstehen, die restlichen Tage, von Freitag bis Sonntag, würden wir jeweils die Nachtschicht von 18:00 bis 06:00 Uhr übernehmen.

Es war Donnerstag, der Tag des Aufbaus. Bühnen, Sanitätsstationen, alphabetisch geordnete Parkplätze, durchnummerierte Zelt- und Campingparzellen sowie unzählige Bier- und Fressbuden fügten sich langsam zu einer temporären Kleinstadt zusammen. Währenddessen schlenderten Hein und ich über das Gelände, um uns die nötige Ortskunde zu verschaffen. Wenn der Mob einmal tobt, bleibt selten Zeit, nach dem Weg zu fragen. Hein beschäftigte sich gerade mit einer Geflügelfrikadelle im Teigmantel, während er einen Lageplan mit Veranstaltungshinweisen studierte. »Diese bekackten Castingshows sind der Untergang des Abendlandes. Sogar hier müssen wir am Samstag die unwürdige Auslese talentfreier Teenager miterleben. ›Die Suche nach dem Megastar 14. Staffel – Casting ab 19:00 Uhr auf Bühne 1‹«, schmatzte Hein frustriert mit vollem Mund.

Um keinen Monolog über die Abgründe der deutschen Fernsehunterhaltung vom Zaun zu brechen, antwortete ich lieber nicht, sondern schlenderte mit dem Notfallrucksack auf dem Rücken weiter in Richtung VIP-Tribüne. Nach ein paar Schritten überkam mich das Gefühl einer besorgen Mutter, die gerade ihr Kind aus den Augen verloren hat. Ich drehte mich nach Hein um und sah ihn eine weitere Imbissbude beäugen.

»Man muss schließlich erkunden, wovon man sich die nächsten vier Tage ernährt!«, bemerkte er, sich rechtfertigend, als mein Blick ihn traf. Ein kalorienreicher Vorwurf lag mir auf den Lippen, als Heins Funkmeldempfänger piepste. »Einsatzleitung Festival für Team 1, Sie haben alarmiert!«, sprach Hein ins Mikro seines Funkgerätes. »So ist es, bewegt euch mal zur Bühne 2, dort haben Arbeiter jemanden gefunden, mit dem sie nicht ganz fertig werden. Scheint ein psychisches Problem zu sein. Schaut euch die Sache mal an«, antwortete Ralf, unser Zugführer, der heute die Einsatzleitung besetzte. Schnellen Schrittes machten wir uns auf den Weg, um ungefähr fünf Minuten später die Bühne 2 zu erreichen.

Es brauchte drei ausgewachsene tätowierte Roadies, um einen halb nackten, sich aus Leibeskräften wehrenden jungen Mann zu bändigen. »Er hat sich zwischen den fahrbaren Boxen versteckt, er ist uns nur aufgefallen, weil er keinen Helm trägt«, erklärte einer der Techniker. Auffallen konnten aber auch weitere Details an dem jungen Mann. Alles in allem machte er einen schmuddeligen Eindruck, seine Schuhe und seine eingerissene Hose waren mit Erde und Gras beschmiert, sein freier Oberkörper sah aus, als wäre er gegeißelt und gepeitscht worden, und fettiges, strähniges Haar umrahmte sein eingefallenes Gesicht. »Versuchen Sie bitte, sich zu beruhigen, wir wollen Ihnen helfen!«, sprach ich einfühlsam an den jungen Mann gewandt. »Ich will Pink sehen, ich muss Pink sehen!«, brüllte das Imitat von Robinson Crusoe uns daraufhin entgegen. »Ist ja gut, Junge, erklär uns nur kurz, was passiert ist, dann ist uns allen geholfen«, versuchte ich erneut, einen Gesprächsfaden zu knüpfen. »Ich muss Pink sehen! Ich muss Pink sehen!«, war allerdings die einzige geschriene Reaktion.

»Hast du Durst?«, fragte Hein, während er dem geschundenen Kerl eine Wasserflasche hinhielt und gleichzeitig den Roadies signalisierte, den jungen Mann loszulassen. Wie ein durstiges Tier schnappte der Kerl blitzschnell die Flasche, öffnete sie hastig und trank sie in einem Zug leer. Nur Augenblicke später erbrach er wieder die Hälfte: »Nicht so eilig, nur die Ruhe, wir wollen dir wirklich nur helfen – erzähl uns einfach, was passiert ist und wer oder was dich so zugerichtet hat«, setzte Hein in beruhigendem Tonfall nach. »Ich wollte doch nur Pink sehen!«, brach es jetzt fast weinerlich aus unserem jugendlichen Abenteurer heraus. »Und was ist dann passiert? Und wie heißt du überhaupt?«, bohrte Hein weiter. »Ich heiße Steffen, und alles ist schiefgegangen«, begann unser Patient die Schilderung der Ereignisse.

»Meine Eltern wollten mich nicht das Festival besuchen lassen und Geld hatte ich sowieso keins, um ein Ticket zu kaufen. Also bin ich mit 'nem Rucksack voll Proviant schon vor drei Tagen hier

Es brauchte drei ausgewachsene tätowierte Roadies, um einen halb nackten, sich aus Leibeskräften wehrenden jungen Mann zu bändigen.

auf das Kasernengelände eingebrochen. Ich wollte mich doch nur verstecken und das Pink-Konzert sehen. Aber schon in der ersten Nacht haben mich Typen von so einem Wachdienst entdeckt, hätte nicht gedacht, dass die schon eine Woche vorher hier rumlaufen. Ich bin jedenfalls weggelaufen, die Typen mir auf den Fersen. Die haben mich quasi gejagt, aber durch die Brombeersträucher sind diese Möchtegernsheriffs mir dann doch nicht gefolgt, dafür hab ich meinen Rucksack verloren und mich von Dornen zerstechen lassen. Brombeersträucher sind echt die Hölle! Seitdem hab ich nichts mehr gegessen und fast nichts getrunken – ich will doch nur Pink sehen«, jammerte Steffen niedergeschlagen.

»Steffen, wie alt bist du?«, fragte Hein väterlich. »16!«, erwiderte Steffen zaghaft. »In Ordnung, Steffen, wir bringen dich jetzt zu einer Sanitätsstation, da wirst du erst mal aufgepäppelt. Anschließend werden deine Eltern informiert, dass du noch am Leben bist, und dann versuchen wir, dir dein rosa Wunder zu organisieren. Einverstanden?«, erklärte Hein seine Pläne und suggerierte Steffen, der begeistert zustimmte, sogar noch eigene Entscheidungsfreiheit.

Der erste Tag des Events war glatt über die Bühne gegangen, am Morgen waren ungefähr 15.000 Besucher auf das Gelände geströmt und hatten die Zelte und Campingplätze bevölkert. Auf allen drei Bühnen spielten abwechselnd Bands unterschiedlicher Stilrichtungen. Von skandinavischen Rockbands über Brit-Popper bis hin zu aktuellen Chart-Stürmern war alles vertreten. Es herrschte eine gute Stimmung und ab und zu roch die Luft nach rauchbaren Pflanzen.

Als Hein und ich unsere Nachtschicht begannen, spielte gerade eine noch unbekannte deutsche Punkband mit dem schönen Namen »Killing Bob the Baumeister«. Und dann endete langsam die Ruhe vor dem Sturm.

Nach dem Konzert gingen wir unsere erste Streife und versorgten hier und da Bagatellverletzungen, als Hein plötzlich wie paralysiert in eine Richtung starrte. Meine Augen durchsuchten die Umgebung nach dem, was Hein derart ablenkte, forschten nach zu engen Tops an kurvenreichen Damen, als auch ich meinen Blick nicht mehr abwenden konnte. Leider erregte keine attraktive Besucherin unsere Aufmerksamkeit. Es dauerte eine gefühlte Ewigkeit, bis Hein als Erster seine Sprache wiederfand: »Sie haben einen Höhlentroll ...«, zitierte er wispernd aus *Herr der Ringe*. Die Beschreibung war passend. Ein Berg von einem Kerl stand nur wenige Meter im Kreis seiner Kumpels vor uns. Sicherlich über zwei Meter groß und mindestens 150 kg schwer, drehte er uns den Rücken zu und präsentierte stolz sein wuchtiges Maurerdekolleté. Auch das restliche Erscheinungsbild war irgendwie siffig, das schlecht sitzende Hosenzelt wurde oberhalb von einem fleckigen T-Shirt verziert, auf dem der Spruch »Ich war als Kind schon Scheiße!« zu lesen war. Nun hat sich niemand selbst gemacht, und schlecht gekleidete Menschen gibt es viele, aber es war nicht nur die äußerliche Erscheinung, die uns in ihren Bann zog. Nein, es war auch das, was der Kerl in diesem Augenblick tat. Mit einem fingerdicken, spitz zulaufenden Dorn schlug der Koloss ein Loch in eine 0,5-Liter-Bierdose, hielt das Loch anschließend mit dem Daumen zu, schüttelte die Dose heftig, um sich das Loch nun an den Mund zu setzen und schlussendlich den eigentlichen Verschluss der Dose aufzureißen. Bier schoss in ihn hinein, und als Schlucken nicht mehr möglich war, verteilte sich das flüssige Gold auch über sein Gesicht und seinen Oberkörper. Ein lautes schaumiges Rülpsen war der Schlussakkord dieses Schauspiels. »Heilige Scheiße, das kann ein lustiger Abend werden!«, kommentierte Hein sparsam das Gesehene und ging so unauffällig wie möglich weiter.

Wir diskutierten noch darüber, ob das Inhalieren von Bierdosen eher an Woodstock 1969 oder doch mehr an die Münchner Wiesn erinnerte, als langsam, aber sicher die Dämmerung hereinbrach. Mit der zunehmenden Dunkelheit begannen viele kleine private

Partys, denn der Besucherschwerpunkt verlagerte sich weg von den Bühnen und Fressmeilen hin zu den Zeltplätzen und illegalen Lagerfeuern. Aus Gettoblastern tönten Reggaeklänge im Wettstreit mit Heavy Metal und Depeche Mode und Nackensteaks und Bauchfleisch brutzelten auf zahllosen Grills friedlich neben Tofuwürsten und Tomaten-Champignon-Spießen. Auch Hein und ich hatten Spaß, ein bunter Mix aus friedlichen Menschen, Musik und guter Laune dominierte das Festival. Abgesehen von kleinen Schnittwunden und Prellungen war alles ruhig geblieben, selbst unser Höhlentroll war nicht mehr auffällig geworden.

Gegen 2:00 Uhr gingen wir unsere nächste Streife. An Schlaf dachten die meisten Festivalbesucher noch lange nicht und so genossen auch wir weiterhin Musik und laue Sommernacht und hatten sogar Zeit und Gelegenheit, hier und da ein wenig zu flirten. Es war exakt 2:22 Uhr, als Heins Funkmeldeempfänger alarmierte und eine Stimme aus der Einsatzleitung über Funk nach uns rief. »Team 1, wo ist Ihr Standort?«, krächzte es fragend aus dem Funkgerät. Hein schaute kurz auf einen Lageplan, bevor er antwortete: »In der Nähe von Rettungspunkt 3, Südseite des Zeltplatzes« – »Wunderbar. Fast richtig. Kämpft euch mal in den Norden vor. Am Übergang zur Fressmeile soll eine hilflose Person liegen«, gab der Disponent Anweisung.

Gesagt, getan, der Hindernisparcours zum Einsatzort verlief über Abspannseile von Vorzelten, mannshohe Bierkastentürme und noch glühende Einweggrill-Aluminiumschalen. Nach wenigen Minuten hatten wir relativ problemlos die Fressmeile erreicht und schauten von dort aus über den nördlichen Bereich des Zeltplatzes. »Hier war doch eben der Dosenstecher«, bemerkte Hein noch richtig, als hinter uns ein tiefes Grollen zu hören war: »Der da hat verloren!«, ertönte es und aus dem Dunkel trat der Höhlentroll hervor, sein T-Shirt klebte biernass auf der Haut, ungelenk deutete er auf eine am Boden liegende Gestalt, übergab sich kurz in eine Böschung und trottete dann gelangweilt ohne ein weiteres Wort davon.

Weder Hein noch ich wagten es, ihn aufzuhalten, wir kümmerten uns lieber um den zweiten Sieger. Mein Kopfkino rechnete mit allem – von »alle Knochen gebrochen« bis »Messer im Hals« hielt ich nichts für unmöglich. Heins Taschenlampe beleuchtete dann Gott sei Dank eine relativ harmlose, wenn auch bizarre Szenerie. Ein ebenfalls deutlich übergewichtiger Kerl lag mit nacktem Oberkörper rücklings im Gras und rührte sich nicht mehr, augenscheinlich war er unverletzt, jedoch schnarchte er bemerkenswert. Um ihn herum waren Unrat, Essensreste und leere Bierdosen drapiert, die merkwürdigerweise alle ein fingerdickes Loch aufwiesen. »Auf seiner haarlosen Brust stand mit Filzschreiber geschrieben: »Bau keine Scheiße mit Mr. Zero – Fotos morgen auf meiner Homepage!« Irgendwie brachte ich geschätzte 130 Kilogramm in stabile Seitenlage, während Hein über Funk eine Trägerkolonne anforderte. Wenig später wuchteten wir den Verlierer mit vereinten Kräften auf einer sich durchbiegenden Trage in die nächstgelegene Sanitätsstation.

Auch der Rest der Nacht verlief unruhig, der Silbermedaillengewinner im Dosenstechen war quasi nur der Startschuss gewesen. Im Anschluss hatten Hein und ich noch sieben weitere Patienten, die das Entgiftungsvermögen ihres Körpers überschätzt hatten, medizinisch zu versorgen.

Um neue Kräfte zu sammeln, hatte ich den nächsten Vormittag einem Feldbett im Mannschaftsquartier gewidmet, ehe Hein mich gegen 14:00 Uhr mit schwarzem Kaffee weckte. »Aufstehen, gleich ist Lagebesprechung. Komm hoch, ich will nicht zu spät kommen«, maulte er, bereits im Gehen begriffen. Keine zehn Minuten später standen wir im Stabszelt und lauschten den Ausführungen eines Verantwortlichen.

Zunächst wurden Erfolge und Probleme der letzten Nacht thematisiert, im Anschluss Besucher- und Einsatzstatistiken erstellt und abschließend der weitere Tagesablauf geplant. Nach viel Geplänkel kam der Einsatzleiter auf den Punkt: »Das Highlight des heutigen Abends wird sicherlich das Casting von ›Die Suche nach dem Megastar 14. Staffel‹, wir brauchen noch ein Notfallteam, das im Bühnen- und Backstage-Bereich die medizinische Versorgung übernimmt. Freiwillige?«

Heins Hand war schneller oben, als ich gucken konnte. »Hier! Wir beide übernehmen«, stellte Hein laut und deutlich fest. Entgeistert schaute ich ihn an. »Bist du irre? Hast du 'nen Schwamm im Kopf? Was willst du da?«, fragte ich fassungslos. »Wird bestimmt lustig, mal hinter die Kulissen zu schauen! Es heißt doch immer: Da wird eh nur gelogen und geschoben. Jetzt sind wir mal hautnah dabei!«, freute sich Hein. »Wir sind nirgendwo dabei! Während hinter der Bühne irgendein Megastar um seinen ersten Platz beschissen wird, wirst du irgendwelche kreischenden hyperventilierenden Teeniegören versorgen!«, entgegnete ich fast wütend. »Wird alles halb so wild, ist doch nur ein Casting!«, relativierte Hein und sonnte sich im dankbaren Blick des Einsatzleiters, der froh war, schnell einen Blödmann gefunden zu haben.

Am Ende sollte Hein recht behalten. Verletzt wurde bei der Suche nach dem Megastar niemand, höchstens der gute Geschmack, aber darüber kann man bekanntlich nicht streiten. In jedem Fall war das erste größte, geilste und megasupercoole Casting vor Livepublikum straff organisiert. Wer aus der Reihe tanzte, wurde erst gar nicht in die Performance-Area vorgelassen. Dort hielt dann ein Popfürst, begleitet von zwei Jurylakaien, Gericht über mehr oder weniger talentierte Teenager, die sich nach Kräften musikalisch blamierten.

»Täk mei brett awei«, tönte die nächste Kandidatin vor Jury und geschätzten 3000 Zuschauern. Eigentlich sollte es heißen: »Take my breath away«, und so erntete die zukünftige Lady Gaga auch eher Unmut und verstörtes Erstaunen statt begeisterten Applauses. Die natürliche Selektion wurde fortgesetzt, bis nach circa einer Stunde das musikalische Fegefeuer durch die Darbietung von Mandy aus Cuxhaven unterbrochen wurde. Ihres

Zeichens Gewinnerin der 13. Staffel trällerte sie ihre erste Single *I am music*. Das Publikum reagierte erfreut bis begeistert und wollte gerade in Stimmung kommen, da war die akustische Erholung auch schon nach einem Song wieder vorbei. Anschließend wurden die nächsten 20 potenziellen Megastars durchgereicht, bis nach ungefähr drei Stunden der ganze Spuk fast vorüber war.

Fast. Denn ein kleines Nachspiel hatte Mandy noch für uns vorbereitet. Auf der Privatschule für Megastars hatte Mandy im Fach Starallüren große Fortschritte gemacht. Wir verabschiedeten uns gerade von einem Organisator des Castings, als Mandy sich im Tonfall einer Diva an Hein wandte: »Hey, Sie da, Sie da mit der roten Hose, holen Sie mir was Kaltes zu trinken!« Hein reagierte gelassen. »Sie haben sich eben auf der Bühne sicherlich verausgabt, aber Sie machen mir nicht den Eindruck, als würden Sie auf dem Weg zum Kühlschrank kollabieren, holen Sie sich Ihr Kaltgetränk doch bitte selbst«, antwortete Hein höflich, aber bestimmt.

»Ich bin Mandy von den Megastars, Sie müssen tun, was ich sage!«, kreischte die junge Dame jetzt fast hysterisch. »Und ich bin Hein vom Rettungsdienst, wollen Sie ein Autogramm?«, fragte Hein seelenruhig, als die immer noch krakeelende Göre von einem weiteren Mitarbeiter der Megastartruppe entfernt wurde. »Mit dem Begriff ›Star‹ wird einfach zu inflationär umgegangen«, philosophierte Hein abschließend, bevor wir den Rest der Nachtschicht antraten.

Es sollte insgesamt turbulent bleiben. In der Nacht hatte das musikbegeisterte Bildungsbürgertum beschlossen, die Parzellenverteilung auf einem der Zeltplätze neu zu regeln, Zelte wurden niedergerissen und ein oder zwei Schlafsäcke gingen sogar in Rauch auf. Ausgelöst wurde diese spätabendliche Diskussion durch Neuankömmlinge, die das morgige Pink-Konzert besuchen wollten und auf irgendwelche Platzreservierungen pochten. Das Ganze erinnerte mich ein wenig an Handtücher auf Liegestühlen in mallorquinischen Drei-Sterne-Hotels. Holländer und Deutsche streiten sich und am Ende liegt ein Schwede gemütlich am Pool.

Die Auseinandersetzungen wurden leider zunehmend handgreiflicher und so hatte der Sanitätsdienst genug zu tun, blaue Augen und blutende Nasen zu versorgen. Wirklich dramatisch war nur die Verletzung eines angetrunkenen Österreichers, der sich beim Wiederaufbau seines Zeltes den rechten Fuß gespalten hatte, als er versuchte, mithilfe einer Axt Befestigungshaken in den Boden zu schlagen. Die Versorgung der Verletzung und der anschließende Transport in ein geeignetes Krankenhaus hatten unseren Notarzt, Hein und mich fast zwei Stunden in Anspruch genommen. Bei unserer Rückkehr auf das Festivalgelände herrschte wieder Ruhe, als wäre nichts gewesen. Alle schienen Kraft zu tanken für das große Abschlusskonzert am morgigen Nachmittag.

Die Sonne schien, ein herrlicher Tag, insgesamt wurden heute 30.000 Besucher erwartet. Hein hatte sein Versprechen gehalten und für Steffen, unseren Patienten vom vergangenen Donnerstag, eine Karte besorgt. Er hatte die Eltern beruhigt, bei Crew, Sanitätern und Ordnern gesammelt, um dann aus irgendeinem Hut noch eine Karte für das längst ausverkaufte Pink-Konzert hervorzuzaubern. Es war zwar nicht zwingend mein Musikgeschmack, aber ich muss zugeben, die Show war großes Kino. Nach guten zwei Stunden verabschiedete sich Pink und hinterließ ein vollkommen glückliches und zufriedenes Publikum. Außer ein paar Kreislaufproblemen war während des Konzertes nichts medizinisch Relevantes geschehen und auch für die Abreise der Fans und Festivalbesucher rechneten wir nicht mehr mit großen Zwischenfällen.

Groß waren die Zwischenfälle, die das Festival noch für uns bereithielt, nicht mehr, dafür aber bemerkenswert bis kurios. Mathias und Ralf mussten sich um ein Pärchen kümmern, das beim Kopulieren auf einer Reihe von Dixi-Klos abgestürzt war. Eine Gehirnerschütterung und ein gebrochenes Bein waren die

Folge, und um Ihrer Frage zuvorzukommen: Nein, ich kann Ihnen nicht erklären, was besonders sexy daran sein soll, auf den Dächern benutzter Plastiktoiletten Geschlechtsverkehr zu haben. Gerd und Josef kümmerten sich um den Fahrer eines elektrischen Rollstuhls, der seine Batterien leergejubelt hatte und nun quasi aus der Pampa geschleppt werden musste, und auch Hein und ich bekamen zum Abschluss noch ein Schmankerl serviert.

Das Einsatzstichwort lautete »Bissverletzung«. Nun darf man berechtigt fragen: Wer oder was wird wovon auf einem Musikfestival gebissen? Meine Vorstellungskraft reichte von freilaufenden Hunden bis zu verärgerten Damen, die im Rahmen einer Schlägerei auch gern mal zubeißen, aber ich musste einsehen, dass mein Horizont, was Bissverletzungen anging, erweiterbar war. Ein junger Mann war, in der Absicht, seine Isomatte zusammenzurollen, in sein Zelt gekrochen und dort von einem Feldhasen angegriffen worden. Das Langohr war wohl in sein altes Territorium zurückgekehrt und fühlte sich offensichtlich in die Enge gedrängt. Eine zwei Zentimeter breite, minimal blutende Wunde zierte nun den Unterarm des Patienten. »Da ahnt man nichts Böses, und dann wird man vom Hasen gebissen, haben Sie eine Ahnung, wie ich mich erschrocken habe, ich hab das Vieh ja zuerst gar nicht gesehen, dann greift der an, und dann haut der auch noch ab ...«, versuchte der Mittzwanziger, sich zu erklären. »Was haben Sie erwartet? Dass der Hase bis zur Klärung des Sachverhaltes neben Ihnen sitzen bleibt? Machen Sie sich nichts draus, Thomas Gottschalk ist in einer Sendung auch mal von 'nem Hasen blutig gebissen worden, Sie befinden sich also in guter Gesellschaft«, erwiderte ich. »Thomas Gottschalk kann ich nicht ausstehen und vom Hasen gebissen zu werden, finde ich ziemlich peinlich!«, konterte das Hasenopfer trocken. Zustimmend nickte ich, sagte aber nichts mehr, jedes weitere Wort wäre zu viel gewesen. Hein versorgte die Wunde, verwies an den zuständigen Hausarzt zwecks Tetanusschutzes und entließ den jungen Mann in die Freiheit und ins Leben. »Mit 'ner Narbe von 'nem Hasenbiss würde ich auch nicht vor meinen Kumpels protzen!«, meinte Hein abschließend, als er für dieses Festival zum letzten Mal den Reißverschluss des Notfallrucksacks zuzog.

7. Notfall

Koblenz – Köln – Düsseldorf – Rotterdam

Eine Gourmetkreuzfahrt auf dem Rhein

*Eines der besten Mittel gegen Arroganz ist Seekrankheit.
Ein Mensch, der über die Reling hängt, vergisst seine Allüren.*
Heinz Rühmann

Gestatten Sie mir eine kleine Warnung vorab: Für zartbesaitete Leserinnen und Leser ist diese Geschichte nicht geeignet, es wird geschissen und erbrochen. Falls Sie bei dem Gedanken daran ein gewisses Unbehagen verspüren, blättern Sie doch bitte einfach weiter bis zur nächsten Geschichte.

Wir lagen in den frühen Morgenstunden im Ruheraum unserer Wache und dösten vor uns hin, als eine wirklich dramatische Alarmierung unsere süßen Träume beendete. »Einsatz für folgende Rettungsmittel: erster und zweiter Rettungswagen der Nordwache, erster und zweiter Rettungswagen der Westwache, Notarzt der Nordwache, Löschfahrzeug der Nordwache. Hilfeleistung für den Nachbarkreis, dort Massenanfall von Verletzten. Wegbeschreibung auf dem Alarmausdruck beachten«, tönte es hektisch aus dem Wandlautsprecher.

»Massenanfall von Verletzten« ist kein alltägliches Alarmstichwort. Zugunglücke, Flugzeugabstürze, Schlagerkonzerte oder ähnliche Katastrophen werden für gewöhnlich mit dieser Alarmierung assoziiert. Aufs Schlimmste gefasst wurden wir aber noch auf der Anfahrt per Funk unterrichtet, dass es sich wahrscheinlich um eine Lebensmittelvergiftung auf einem Ausflugsdampfer handeln würde und der Transport von circa 70 Patienten im Vordergrund stünde. Ziel war die zeitnahe und großflächige Verteilung der Patienten, da der ländliche Nachbarkreis lediglich über zwei Krankenhäuser verfügte und mit einer solchen Anzahl akut erkrankter Personen hoffnungslos überfordert gewesen wäre.

Am Anleger, an dem die »MS Emesis« festgemacht hatte, wurde ein sogenannter Rettungsmittelhalteplatz eingerichtet; man könnte auch sagen: ein gut organisierter Taxistand für Blaulichtautos. Im Minutentakt holten Trägerkolonnen der Feuerwehr die von Übelkeit und Durchfall gezeichneten Menschen von Bord und übergaben sie zur medizinischen Erstversorgung und für den anschließenden Transport an die Besatzung eines Rettungswagens. Für Eitelkeiten war hier kein Platz, fast jeder hatte sich irgendwie mit Erbrochenem oder Fäkalien kontaminiert und roch nach nicht geputzter Bahnhofstoilette.

Hein und ich hatten Glück. Der circa 50-jährige männliche Patient, der uns zugewiesen worden war, roch nicht ganz so streng wie andere und hatte es geschafft, sich wenigstens eine frische Hose anzuziehen, wofür ich ihm sehr dankbar war. Meine Nase scheint im Laufe meines Berufslebens aber auch zunehmend empfindlicher geworden zu sein. Hätte ich früher nur mit den Achseln gezuckt, wenn etwas Menschliches übel roch, so zucke ich heute am ganzen Körper. Gerade Geruchskombinationen, zum Beispiel Urin und Erbrochenes oder Erbrochenes und Kot, bringen mich heute würgend an den Rand des eigenen Erbrechens.

Hein versorgte unseren Patienten intravenös mit Flüssigkeit und ermittelte Puls, Blutdruck und Blutzucker, während dieser auf meine Bitte hin die Geschehnisse der letzten Tage und Stunden schilderte: »Der ganze Kahn ist voll mit Feinschmeckern, durchweg gut betuchte Leute. Insgesamt sechs Tage sollte die Reise dauern und neben dem beschaulichen Dahingleiten durch romantische Flusslandschaften auch sagenhafte kulinarische Höhepunkte bieten, schließlich hat so ein 3-Sterne-Koch die Verantwortung für das leibliche Wohl der Gäste übernommen. Gourmetkreuzfahrt heißt das Ganze dann, kein billiges Vergnügen, das können Sie mir glauben.«

»Das heißt tagelang nur Boot fahren, lecker essen und trinken?«, erkundigte sich Hein interessiert.

»Na ja, ein bisschen alte Steine gibt es auch noch. Wir waren bereits einen Tag an Bord, als Koblenz angelaufen wurde und ein Landgang zum Drei-Länder-Eck auf dem Programm stand. Nach drei Stunden kehrte die kulturell interessierte Meute auf das Schiff zurück, um sich schleunigst für das abendliche 5-Gänge-Menü aufzuhübschen. Es wurde Molekularküche serviert, und nach Gelkapseln aus klarer Tomatenbouillon mit frittiertem Basilikum kamen noch weitere vier Gänge ähnlich abgehobener Merkwürdigkeiten aus dem Chemielabor, das Zeug ist nicht so mein Ding.

Danach war der Kölner Dom dran, also Landgang am nächsten Tag, nur um sich abends wieder dem Gaumenschmaus hinzugeben. ›5 Kontinente‹ hieß das Menü. Superleckere verschiedene Fleischsorten aus aller Welt, südamerikanisches Rind, nordamerikanischer Bison, asiatisches Huhn, australisches Känguru und europäisches Schwein lagen da auf dem Teller, also ich war begeistert.

»Dann war bis gestern also alles in Ordnung?«, unterbrach ich den Monolog unseres Patienten.

»Kann man so sagen. Überhaupt, die Tage auf dem Schiff und das ganze kulinarische Drumherum waren wirklich nett, bis hinter Düsseldorf langsam die ersten Problemchen auftauchten. Das Bier schmeckte nicht mehr. Gott sei Dank rettete das Abendessen mit diversen köstlichen Fischvariationen die Stimmung, und auch die eine oder andere Flasche Wein wurde in geselliger Runde fachmännisch verkostet, wenn Sie verstehen, was ich meine. Als die Dunkelheit hereinbrach und die meisten Passagiere sich zur Nachtruhe zurückgezogen, da begannen die wirklichen Probleme.

Bei mir begann es mit Übelkeit und fürchterlichem Aufstoßen. Ich bin dann in meine Kabine geeilt und habe erst mal wie ein Weltmeister gekotzt. Das ganze Abendessen habe ich mir noch mal durch den Kopf gehen lassen, wenn Sie verstehen, was ich meine. Ich dachte: Jetzt wird es besser, das Zeug ist draußen, aber von wegen! Keine zwei Minuten später habe ich mich erneut übergeben, ein armdicker Strahl Fischsuppe mit Einlage hat da meinen Körper verlassen – unglaublich, was da rauskam, ich dachte, mein Magen liegt gleich mit in der Schüssel. Dann wurde alles noch schlimmer! Ich sag nur: Erst oben, dann unten, wenn Sie verstehen was ich meine. Ich habe es gerade noch geschafft, mich zu setzen, eigentlich hatte ich die Klobrille noch gar nicht berührt, da ging es auch schon los. So was von Durchfall habe ich in meinem ganzen Leben noch nicht erlebt. Die Toilette sah aus, das können Sie sich gar nicht vorstellen. Wo ich herkomme, nennt man das Sprühwurst, als hätte man die Scheiße durch ein Sieb geschossen«, schilderte der etwa 50-jährige Herr zunächst farbenfroh sein eigenes Leid.

»Und was halten Sie für die Ursache des Ganzen?«, unterbrach nun Hein medizinisch interessiert. »Es muss ja was mit dem Essen gewesen sein. Der Fisch, die Mayonnaise, was weiß ich. Jedenfalls hat es ja fast alle gleichzeitig getroffen. Die Ersten haben gegen 23:00 Uhr über der Reling gehangen und die Fische gefüttert, und um 03:00 Uhr hat das halbe Schiff gekotzt und sich zeitgleich in die Hosen geschissen. Wenn Sie wüssten, was sich da für Szenen abgespielt haben! Einige der Toiletten waren wohl von der Mischung aus Kotze, Kot und Klopapier überfordert, meine übrigens irgendwann auch. Es hörte ja nicht auf, ich bin dann zum WC am Salon gelaufen, die Idee hatten aber andere vor mir auch, alles besetzt! Da wurde dann gemeinschaftlich in die Pissoirs gekübelt, was meinen Sie, wie es da aussah, und wie es da roch. Der ganze Raum stand schuhsohlendick voll Erbrochenem. Einer hat sogar sein Gebiss mit rausgekotzt, na der hatte Spaß beim Suchen – einfach ekelhaft. Wenn es nicht so fürchterlich wäre, dann könnte ich dem Ganzen ja sogar etwas Lustiges abgewinnen. Ich habe eine Dame gesehen, die eine weiße enge Stoffhose trug, die hatte sich einen braunen Schmetterling geschissen, wenn Sie verstehen, was ich meine«, fuhr unser Patient gequält lächelnd und detailliert fort.

»Es muss ja was mit dem Essen gewesen sein.
Der Fisch, die Mayonnaise, was weiß ich.
Jedenfalls hat es ja fast alle gleichzeitig getroffen ...«

»Ich denke, ich verstehe, worauf Sie hinaus wollen, aber was hat eigentlich die Schiffsbesatzung unternommen?«, erkundigte ich mich, innerlich durchaus amüsiert, nach eventuell schon eingeleiteten medizinischen Maßnahmen. »Ein Schiffsarzt war nicht an Bord, aber einige andere Mediziner. Die haben die Vorräte an Durchfallmedikamenten verteilt und waren dann auch mit ihrem Latein am Ende. Die Crew habe ich nur Berge von Klopapier durchs Schiff transportieren sehen. Es hat wohl etwas gedauert, bis die Stewards gemerkt haben, dass die Lage wirklich ernst ist. Einige Passagiere faselten was von Bioterror und EHEC, na ja, ich möchte nicht von einem Aufstand sprechen, aber die Gäste haben durchaus klargemacht, dass sie von Bord wollen und auf Rotterdam keinen Wert mehr legen. Ich glaube, bis dahin hätte das Klopapier aber auch nicht gereicht. Oder doch, ich habe später gar keins mehr gebraucht, ich habe am frühen Morgen sogar einfach ins Bett gekackt, ich habe mich nur einmal von links nach rechts gedreht, da konnte ich es schon nicht mehr halten. Ich bin einfach liegen geblieben, ich war viel zu erschöpft, um mich wieder zur nächsten freien und vor allem funktionstüchtigen Toilette zu schleppen. Irgendwann hat das Schiff dann endlich hier festgemacht und das halbe Ufer stand voll mit Rettungswagen. Viel mehr kann ich Ihnen gar nicht erzählen«, endete der arme Kerl, mittlerweile von heftigem Aufstoßen gebeutelt.

»Tja, diese Flusskreuzfahrt war dann wohl ein R(h)einfall!«, entfuhr es mir unpassender Weise, und unser Patient schaute mich durchaus vorwurfsvoll an, als Hein mich rettete. »Viel mehr können wir hier vor Ort auch gar nicht für Sie tun, die restliche Versorgung findet im Krankenhaus statt, Blutabnahme, Labor, etc.«, beschrieb Hein grob den weiteren Ablauf des Vormittags und fixierte sicherheitshalber die Schlauchleitung der Infusion mit einem zweiten Pflasterstreifen.

»Du fährst, ich bleibe beim Patienten!«, wies Hein mich milde lächelnd an und schob mich sanft aus dem Patientenraum.

Auf der circa halbstündigen Fahrt dachte ich darüber nach, ob bei einer Flusskreuzfahrt tatsächlich gekreuzt wird, oder ob man wenig seemännisch einfach dem Strom flussaufwärts oder flussabwärts folgt, als sich mein Magen irgendwann hungrig knurrend bemerkbar machte. Trotz der Schilderungen hatte ich meinen gesunden Appetit nicht verloren. Nur Fisch musste es heute nicht unbedingt sein.

8. Notfall

Der Mensch denkt – Gott lenkt

Ein Verkehrsunfall verändert die Sachlage

Leben ist das, was passiert, während du eifrig dabei bist, andere Pläne zu machen. John Lennon

»Verkehrsunfall zwischen zwei Pkws im Kreuzungsbereich Bergstraße/Düsseldorfer Landstraße«, hatte die Alarmierung gelautet. Hein und mir war die Kreuzung seit Kurzem bestens bekannt. Nachdem hier eine Baustelle eingerichtet worden war, hatte sich ein Unfallhäufungspunkt entwickelt. Allein in den letzten zwei Wochen hatten sich an besagter Kreuzung drei mehr oder weniger schwere Verkehrsunfälle ereignet.

Es hatte sich bereits ein erheblicher Rückstau gebildet, als Hein den Rettungswagen möglichst zügig durch eine Gasse aus Fahrzeugen steuerte. Etwa 50 Meter vor der Kreuzung wurden für uns erste Einzelheiten des Unfalls erkennbar.

Eine Stoßstange, gesplitterte rot-weiße Begrenzungsschilder und andere Trümmerteile säumten die Kreuzung, auf der ein Oldtimer, augenscheinlich ein Mercedes aus den späten 70er-Jahren, und ein ebenfalls älterer Audi ein unfreiwilliges Rendezvous erfahren hatten. An einer Fußgängerampel hatte sich ein Häuflein diskutierender Schaulustiger versammelt, einige Personen umstanden die betroffenen Pkws, und die ebenfalls bereits eingetroffene Polizei war mit Absperrmaßnahmen beschäftigt, als Hein unseren Rettungswagen zum Stehen brachte.

»Wir teilen uns auf! Schau du in den Mercedes, ich kümmere mich um den Audi!«, gab Hein Anweisung, als wir unsere Ausrüstung packten und uns gemeinsam auf den Weg machten. »Ich gebe gleich Rückmeldung an die Leitstelle«, rief ich Hein noch hinterher, der bereits in Richtung Audi von dannen zog, als ich unfreiwillig Zeuge eines interessanten Streitgesprächs zwischen einem Polizisten und einem BMW-Fahrer wurde, der in der ersten Reihe hinter der Absperrung stand.

»Was soll der ganze Zirkus!? In meiner Kanzlei warten drei Mandanten auf mich, es geht um Millionen, ich muss augenblicklich weiter!«, schnauzte ein Herr im Nadelstreifenanzug dem mit Absperrband bewaffneten Polizisten aggressiv entgegen. Der Staatsdiener, in solchen Situationen offensichtlich erprobt, blieb gelassen. »Sehen Sie den Sanitäter dort hinten?«, fragte er, auf Hein deutend. Der Gefragte nickte nur ungeduldig genervt. »Auf den warten potenziell 300 000 Patienten, und da geht es um Menschen! Sie bleiben hier stehen, bis die Kreuzung wieder freigegeben wird, wie alle anderen auch.« Sprach's und wandte sich ab, während der BMW-Fahrer fluchend in seinen Hosentaschen wühlte. »Ist der Herr am Unfall beteiligt?«, erkundigte ich mich neugierig. »Nein. Er ist Jurist, und auch sonst von mäßigem Verstand!«, zitierte der Polizist frei aus der einstigen Satirezeitschrift »Simplicissimus« und rollte gelassen das Absperrband weiter ab.

Nun waren es nur noch wenige Meter, bis ich den verunfallten Mercedes erreichen würde. Ich nutzte den Moment, um anhand der sichtbaren Schäden den möglichen Unfallhergang vor meinem geistigen Auge zu rekonstruieren. Es musste ordentlich gescheppert haben. Der rechte vordere Kotflügel sowie die Beifahrertür waren völlig deformiert, offensichtlich hatte hier der Aufprall stattgefunden. Ein Blick zum Audi, dessen Front völlig zerstört war, bestätigte meine Vermutung. Irritiert war ich allerdings von den Schäden, die der Mercedes am Dach aufwies. Dieses war völlig verkratzt und auf Höhe der Rücksitzbank über die gesamte Fahrzeugbreite deutlich eingeknickt.

Noch mehr irritiert war ich allerdings, als ich einen Ersthelfer bat, mir Platz zu machen, und einen ersten Blick ins Innere des Fahrzeugs warf. Fahrer- und Beifahrersitz waren mit einem rüstigen Rentnerpärchen besetzt, das auch den Stil seiner Kleidung geschmackvoll auf den Oldtimer abgestimmt hatte. Die Beine befanden sich jedoch nicht erwartungsgemäß im Fußraum, sondern lagen unaufgeräumt auf dem Armaturenbrett. Das Bild erinnerte eher an die bequeme Sitzposition in einem Massagesessel als an gerade verunfallte Fahrzeuginsassen. Alle mitgeführten Utensilien hatten sich allerdings kreuz und quer im Innenraum ausgebreitet, Sonnenbrillen lagen auf dem Rücksitz, Musikkassetten von den »3 Amigos« lagen im Fußraum, und der Inhalt des Aschenbechers war überall.

»Wie geht es Ihnen? Haben Sie Schmerzen? Wenn ja – wo? Können Sie sich an alles erinnern?«, überschüttete ich die beiden Senioren, die ich auf ungefähr 70 bis 75 Jahre schätzte, mit Fragen. »Jetzt ist alles wieder gut, wir liegen ja nicht mehr auf dem Dach«, antwortete die Dame auf dem Beifahrersitz, während ihr Gatte zustimmend nickte. »Auf dem Dach?«, fragte ich verdutzt nach, erinnerte mich aber sofort wieder an die Schäden in genau diesem Bereich des Mercedes.

»Die Herrschaften haben sich nach dem Zusammenstoß einmal überschlagen, dabei ein Verkehrsschild umgemäht und sind dann auf dem Dach liegen geblieben«, schaltete sich erklärend einer der Ersthelfer ein. »Und wieso steht das Auto jetzt wieder auf den Reifen?«, erkundigte ich mich ungläubig. »Umgedreht! Ich und ein paar andere Helfer, ich glaube, wir waren zu sechst, haben das Benz-Schätzchen wieder umgedreht. Haben wir was falsch gemacht?«, fragte der Helfer unsicher. »Sie haben alles richtig gemacht, wir würden ja sonst jetzt noch kopfüber in den Gurten hängen, ich hab schon gedacht, mir kommen die Augen raus!«, antwortete der Fahrer des Mercedes mit dankbarer Stimme. »Na ja, es scheint ja alles noch mal gut gegangen zu sein. Sie haben uns auch viel Arbeit erspart, aber unter patientenschonender Rettung verstehen wir eigentlich etwas anderes!«, ergänzte ich sparsam.

Nachdem ich mich bei den Ersthelfern bedankt hatte und ein paar aufklärende Worte zum Thema Patientenrettung verloren

Das Bild erinnerte eher an die bequeme Sitzposition in einem Massagesessel als an gerade verunfallte Fahrzeuginsassen.

hatte, kümmerte ich mich wieder um die Insassen des Mercedes. Oberflächlich betrachtet, schienen die beiden unverletzt und auch ziemlich gefasst zu sein. Um aber versteckte Frakturen und mögliche innere Verletzungen nicht zu übersehen, begann ich mit verschiedenen orientierenden Untersuchungen. Derweil überboten sich die beiden mit Anekdoten aus ihrem Leben, die erklärten, warum der Unfall gar nicht so schlimm gewesen sei.

»Schade um den Mercedes, aber im Krieg hab ich mich mal mit 'nem Panzer überschlagen – den hat keiner mehr umgedreht!«, bemerkte der Senior mit verwegener Stimme, während ich sein Becken abtastete. »Und ich bin als junges Mädchen mal vom Fahrrad gefallen – das war viel schlimmer als das hier«, ergänzte seine Gattin. »Gott sei Dank fahren wir 'nen alten Mercedes! Das ist noch Stahl und Wertarbeit – in so 'nem neumodischen Japaner wären wir jetzt tot!«, stellte der Benzliebhaber überzeugt fest, als Verstärkung eintraf. Ein weiterer Rettungswagen hatte die Einsatzstelle erreicht und zwei Kollegen traten auf mich zu. »Sollen wir hier übernehmen, und du unterstützt Hein drüben beim Audi?«, schlug einer der beiden vor. »Wegen mir, Hein kann vielleicht wirklich Hilfe gebrauchen«, antwortete ich und machte mich nach kurzer Übergabe, die älteren Herrschaften schienen von ein paar Schürfwunden und Prellungen abgesehen mit dem Schrecken davon gekommen zu sein, auf den Weg in Richtung Audi.

Offensichtlich konnte Hein tatsächlich Unterstützung gebrauchen und nun wurde mir auch klar, warum die Besatzung des zweiten Rettungswagens mich und nicht Hein abgelöst hatte. Bisher hatte ich es nicht wahrgenommen, da ich auf meine eigenen Patienten konzentriert war, aber schon von Weitem war markerschütterndes Jammern und Wehklagen zu hören. Wer auch immer sich in diesem Audi befand, er hatte Schmerzen.

»Was ist los, Hein?«, fragte ich atemlos, als ich das Fahrzeug erreichte. »Sieh selbst, das ist der Herr Baselitz, den Ärmsten hat es hart getroffen«, antwortete Hein mitleidsvoll. Die Verletzungen, die ich erblickte, waren wirklich selbsterklärend. Die Nase hatte wohl einmal kurz, aber heftig den oberen Handlauf des Lenkrads berührt und war mehr als deutlich angeschwollen. Noch mehr allerdings imponierten die beiden offensichtlich gebrochenen Handgelenke bzw. Unterarme, die der Patient in einer merkwürdigen Schonhaltung auf seiner Brust abstützte. Deutliche Fehlstellungen sowohl am linken als auch am rechten Arm ließen keinen Zweifel zu. Die Knochen hatten quasi eine Treppe gebildet und mindestens die linke Hand stand in einem anatomisch ungewöhnlichen Winkel ab.

Hein hatte zunächst versucht, die Frakturen zu schienen, musste aber schnell feststellen, dass jede Manipulation an den Händen oder Unterarmen vom Patienten nicht toleriert wurde. Dennoch war er nicht untätig geblieben. Gottlob ließ sich die Fahrertür noch öffnen und so hatte Hein Gelegenheit gehabt, unserem Patienten eine Infusion anzulegen, über die er in Kürze Schmerzmedikamente erhalten sollte. Die Infusion lag zwar unkonventioneller Weise im Fußrücken, aber der erlösenden Wirkung tat dies keinen Abbruch, als unsere Notärztin Frau Dr. Hirte wenig später mit den Worten »So, dann lassen wir jetzt mal wieder das Sonnenlicht ins Herz!« den Kolben der Spritze hinunterdrückte.

Von Sonnenlicht im Herzen konnte aber auch im Anschluss leider keine Rede sein. Obwohl seine Schmerzen deutlich nachließen und der Patient es zuließ, dass wir seine Arme schienten und die Brüche in eine achsgerechte Lage brachten, nahm das Schluchzen und Wimmern kein Ende. Im Gegenteil, die Geräuschkulisse wurde zunehmend hysterisch und unser guter Herr Baselitz begann sogar, leicht zu hyperventilieren. Für die empfundene Pein musste mehr als nur der mittlerweile gelinderte körperliche Schmerz ursächlich sein.

Frau Dr. Hirte startete mit weiblichem Einfühlungsvermögen einen Versuch, unseren Patienten ein wenig aufzuheitern: »Sehen

Sie es einfach mal von der positiven Seite, die nächsten Wochen erleben Sie Pflege total, im übertragenen Sinne – einfach mal die Hände in den Schoß legen! Vielleicht werden Sie sogar gefüttert!« Die leidend geflüsterte Antwort erklärte vieles. »Sie, Sie haben doch keine Ahnung! Ich bin semiprofessioneller Klavierspieler! Verstehen Sie? Und ich will gar nicht gefüttert werden! Übermorgen beginnt ein Engagement für mich – eigentlich. Dmitri Dmitrijewitsch Schostakowitschs Klavierkonzert – mit gebrochenen Händen schwierig. Verstehen Sie!? Ich muss nicht davon leben, aber es ist mein Leben! Und jetzt ist es vorbei, der Traum ist ausgeträumt. Das tut mir in der Seele weh und ich weiß, alle Tränen der Welt werden daran nichts ändern«, endete er schwermütig.

Unsere Notärztin entschuldigte sich pikiert mit der Versorgung der weiteren Verletzten und entzog sich somit geschickt der unangenehmen Situation, während Hein und ich den Verletzten auf unsere Trage lagerten.

Die Fahrt ins aufnehmende Krankenhaus dauerte ungefähr zehn unaufgeregte Minuten, in denen Hein versuchte, unseren Herrn Baselitz wieder etwas positiver zu stimmen. Hein erzählte etwas von glatten Bruchkanten, gutem Heilfleisch und schneller Genesung. »In sechs bis acht Wochen spielen Sie wieder Beethoven, als gäbe es kein Morgen!«, prophezeite er aufmunternd, als ich die Hecktüren des Rettungswagens öffnete und die Trage entriegelte. In der chirurgischen Ambulanz angekommen, schwante mir nichts Gutes. Ein Blick auf den Tagesdienstplan verriet, dass Frau Dr. Aramidis die diensthabende Chirurgin des Tages war.

Dem einen oder anderen Leser wird die Dame aus einer früheren Geschichte ein Begriff sein. Für diejenigen, die noch nicht die Bekanntschaft gemacht haben – Frau Doktor betrachtet eigentlich nur vollständige Amputationen als ernst zu nehmende Verletzung. Kommen Sie also besser erst ins Krankenhaus, wenn Ihnen ein mongolischer Schwertkämpfer ein Bein abgetrennt hat und Sie dabei noch Ihren Kopf unter dem Arm tragen.

Es dauerte einige Minuten, bis Frau Dr. Aramidis sich in die Ambulanz bequemte und uns gewohnt frech begrüßte: »Ah, da sind sie wieder! Die Jäger und Sammler der Notfallmedizin! Habt ihr wieder fette Beute gemacht? Was ist es diesmal?« Hein schilderte ihr den Unfallhergang und das Verletzungsmuster unseres Patienten und vergaß auch nicht, den aktuell etwas labilen Gemütszustand zu erwähnen, was Frau Doktor mit der ihr eigenen Sensibilität kommentierte: »Wir kriegen Sie schon wieder hin, aber in den nächsten Wochen wird selbst Blockflöte schwer! Vielleicht schulen Sie um – auf Zehenmalerei, ist ja schließlich auch Kunst!« Herr Baselitz, von so viel Fingerspitzen- und Mitgefühl erschlagen, verfiel erneut in sein Klagelied und schluchzte und wimmerte bitterlich. »Nun stellen Sie sich mal nicht so an, Sie müssen die Sache anders betrachten – wenn Sie ein Rennpferd wären, dann müsste ich Sie jetzt auf der Stelle erschießen!«, ergänzte Frau Dr. Aramidis noch herzlos, um im Anschluss sachlich fortzufahren. »Gleich kommt eine Schwester und bringt Sie zum Röntgen. Wir beiden Hübschen sehen uns später im OP wieder, bis dahin passen die Herren noch auf Sie auf.« Sprach es und verließ den Behandlungsraum.

Hein und ich hatten das Gefühl, dass jedes weitere Wort zu viel gewesen wäre, daher verfielen wir wartend in verstohlenes Schweigen. Herr Baselitz zeigte derweil ein unsicheres Mienenspiel. Seine Mundwinkel tanzten, seine Augenlider zuckten und immer wieder kämpfte er, um Fassung ringend, mit den Tränen. Herr Baselitz machte auf mich keinen besonders smarten oder harten Eindruck, er war kein Brad Pitt oder George Clooney des Lebens. Eher ein weicher, zarter, dabei nicht unattraktiver Jüngling, der sich den schönen Künsten des Lebens verschrieben hatte. Es vergingen ein oder zwei Minuten, bis unser Patient die Stille durchbrach. »Wird diese Person von eben mich wirklich operieren?«, fragte er mit fast ängstlichem Gesichtsausdruck. Hilflos zuckte ich mit den Schultern, als endlich die angekündigte medizinisch-technische Assistentin das Behandlungszimmer betrat und uns dreien, das heißt Hein, Herrn Baselitz und mir, augenblicklich der Mund offen stand.

Wallende blonde Locken, die zu einer anmutigen Gestalt mit endlosen Beinen gehörten, schwebten durch den Raum, ein zarter, sanfter Duft von Amber und Jasmin erfüllte die Luft, und ein melodisches, fast gesungenes »Guten Tag, ich bin Mona« schmeichelte den Ohren.

»Potztausend! Es gibt einen Gott!«, brach es aus Hein heraus, der damit spontan seine Begeisterung für die äußerlichen Reize der Frau zum Ausdruck brachte. Auch bei unserem Patienten hatte Mona anscheinend schweren Eindruck hinterlassen, jedenfalls war eine gewisse Veränderung meinem klinischen Blick nicht entgangen. Das Gejammer endete abrupt, er setzte eine zwar leidende, aber tapfere Miene auf und schaute erwartungsvoll in Richtung Mona. »Ich helfe Ihnen jetzt in einen Rollstuhl, und dann fahre ich Sie erst mal in die Röntgenabteilung«, sprach die Assistentin mit liebreizender Stimme zu Herrn Baselitz und legte dabei fürsorglich ihre Hand auf seine Schulter.

Dieser nickte nur selig, und als wenig später der Rollstuhl um die Ecke bog, hörten wir ihn doch tatsächlich leise fragen: »Mögen Sie eigentlich Klaviermusik?« – »Ich liebe Klaviermusik!«, war die fast schon zärtlich gehauchte Antwort.

»Jetzt gewinnt unser Herr Baselitz hier mit der Mitleidsnummer auch noch den Hauptgewinn!«, bemerkte ich fassungslos und auch ein wenig neidisch. »Tja, fast schicksalhaft – oder? Hölle und Himmel liegen manchmal ganz nah beieinander. Wenn der Kerl in ein paar Wochen wieder in die Tasten hauen kann und mit *Für Elise* Schwester Mona verführt, dann hat sich der Unfall doch gelohnt!«, kommentierte Hein treffend die sich anbahnende Romanze.

Jetzt wird es kitschig! Wenig später wurden die beiden tatsächlich ein Paar, mittlerweile gibt es sogar einen gemeinsamen Sohn. Er heißt Ludwig.

9. Notfall

Einer der gefährlichsten Orte im Haushalt ...

Herr Bützje sieht sich gezwungen zu putzen

Sex ist nur schmutzig, wenn er richtig gemacht wird.
Woody Allen

Hein hatte Spaß, denn Hermann fluchte immer noch unter der Dusche. Kurz zuvor hatte Hein Hermanns Shampooflasche manipuliert und den eigentlichen Inhalt gegen eine Autopolitur ausgetauscht. Somit würde Hermann noch eine Weile abperlen und fluchen, aber leider würde Hein seinen Triumph, wenn überhaupt, erst später auskosten können.

Ein Bürger hatte uns um Hilfe gerufen – Hausunfall in der Heinsberger Allee 15, hatte es in der Alarmierung geheißen. Hein feixte noch fröhlich über seinen gelungenen Schabernack, als wir die Fahrzeughalle mit Blaulicht und Martinshorn verließen und mir bereits das große Feld der Hausunfälle durch den Kopf ging.

Hausunfälle sind so vielschichtig wie das Blumenmeer der Bundesgartenschau, womit wir auch schon beim Thema wären. Gartenunfälle sind durchaus ein bedeutsamer Teil der Statistik. Aber auch Grillunfälle, die Missgeschicke selbst berufener Heim- und Handwerker, Stürze jeder Art in den eigenen vier Wänden oder auch die Unglücke, die im Zusammenhang mit Reinigungsarbeiten stehen, tragen maßgeblich zur beeindruckenden Zahl der Hausunfälle bei.

Mittlerweile verunglücken annähernd gleich oder sogar mehr Menschen tödlich bei Hausunfällen als im deutschlandweiten Straßenverkehr. Das alte Sprichwort: »Zu Hause sterben die Leute« scheint zumindest in diesem Zusammenhang nach wie vor Gültigkeit zu haben. Da schwingt sich Mutti auch mal aufs Bügelbrett, um die hohen Fenster zu putzen, und rettet eher die herabstürzende Vase als sich selbst. Oder Väterchen klebt am Stromkabel, obwohl er von Watt, Ohm und Volt keine Ahnung hat. Für die dämliche Lampe braucht es doch keinen Elektriker! Allgemein kann man sagen, dass Kleinkinder und ältere Menschen die Statistik anführen und dass mehr Frauen als Männer verunglücken. Unser Patient sollte jedoch aus diesem Muster herausfallen. Es handelte sich um einen 45 Jahre alten Mann, der im Haushalt gestürzt sein sollte. Zumindest waren das die Angaben, die der alarmierende Nachbar bei seinem Notruf gemacht hatte.

Vor der Hausnummer 15 in der Heinsberger Allee trafen wir dann kurze Zeit später auch auf einen ungeduldigen, aber dankbaren Herrn um die 50. »Guten Tag. Gut, dass Sie da sind, das ging ja schnell. Obwohl, wenn man wartet, werden Minuten, wie soll ich sagen, zu Stunden. Mein Name ist übrigens Savo, falls Sie das für Ihren Bericht brauchen. Na ja, aber eigentlich geht es um den Herrn Bützje. Bitte folgen Sie mir!«, begrüßte er uns wortreich, während er eilig zum Hauseingang schritt.

Sekunden später versuchte Herr Savo, die Haustüre zu öffnen, und nestelte mit dem Schlüssel zittrig am Schloss, wobei er gleichzeitig bemüht war, uns weitere Details der Einsatzstelle möglichst diplomatisch näherzubringen. »Hören Sie, Sie dürfen gleich nicht erschrecken«, warnte er behutsam. »Warum?«, unterbrach Hein unnötigerweise, denn Herr Savo hatte nur kurz Luft geholt und war bereits im Begriff, wortreich fortzufahren: »Na ja, der Herr Bützje hat es nicht immer leicht gehabt. Mittlerweile kann man sagen: Der Mann ist Einzelgänger. Der verlässt eigentlich so gut wie nie das Haus. Jeden Tag kommt zweimal der Pizzaservice, sonst hat der Mann keinen Kontakt mit der Umwelt, will der, glaube ich, auch gar nicht. Ich bin der Einzige, dem er ein bisschen vertraut, daher habe ich auch einen Zweitschlüssel zur Wohnung. Na ja, wie soll ich sagen, der Gute hat mal Ärger mit der Justiz gehabt. Untersuchungshaft und so, Sie verstehen schon ... Es gab jedenfalls das Gerücht, er hätte seine Frau, na ja, wie soll ich sagen, einen Kopf kürzer gemacht – ist aber nie bewiesen worden, da mussten sie ihn wieder laufen lassen. Drangekriegt haben sie ihn später wegen Steuergeschichten. Na ja, jedenfalls, wie soll ich sagen ... ?«

»Ich möchte nicht unhöflich erscheinen, aber kommen Sie bitte auf den Punkt. Warum sind wir eigentlich hier?«, unterbrach Hein nun energisch und verhinderte somit die mündliche Überlieferung der gesamten Lebensgeschichte des Herrn Bützje. »Na ja, die Wohnung ist ein einziger Müllhaufen und mitten in dem Chaos hat sich Peter, so heißt der Herr Bützje mit Vornamen, die Hüfte gebrochen. Glaube ich. Jedenfalls kann er nicht mehr aufstehen«, fasste Herr Savo die Situation anschließend so kurz, wie es ihm eben möglich war, zusammen.

Gemeinsam betraten wir den Flur und Herr Savo ging zielsicher zu einer Türe im Erdgeschoss. »Schon mal keine Treppen steigen!«, murmelte ich dankbar vor mich hin, als Herr Savo kraftvoll mit der Faust vor die Tür hämmerte und lauthals »Peter, wir kommen jetzt rein!« brüllte. Ein wenig zuckten Hein und ich sogar erschrocken zusammen, als ein mürrisches »Wegen mir!« durch die Tür zu uns drang. Der bisher so bemühte Herr Savo schloss die Tür auf, öffnete sie nur einen winzigen Spalt und verabschiedete sich mit den Worten: »Ich werde hier ja jetzt nicht mehr gebraucht, vielen Dank!«, drehte sich um und verschwand durch den Hauseingang. Hein und ich schauten uns verdutzt an. »Was ist denn jetzt mit dem los?«, fragte ich, verblüfft von dem plötzlichen Abgang. Eine Antwort erhielt ich, als Hein die Tür so weit wie möglich geöffnet hatte.

Der Türspalt hatte nun vielleicht eine Breite von 20 Zentimetern, war aber völlig ausreichend, um meine bisherigen Vorstellungen von häuslicher Verwahrlosung vollkommen harmlos erscheinen zu lassen.

Ein Bodenbelag wie Teppich, Laminat, Fliesen oder Parkett war nicht zu erkennen. Müll und Unrat bedeckten den gesamten

Fußboden. Plastikteller mit Portionseinteilung, Einkaufstüten, benutztes Geschirr, Berge von getragener Wäsche, eine geplatzte Tüte Kartoffelchips und so weiter und so weiter. Das Gros des Müllbergs bestand allerdings aus leeren Pizzakartons und Massen von Leergut. Nur damit Sie mich richtig verstehen: Bis jetzt beschreibe ich ausschließlich den Eingangsbereich der Wohnung.

Hein lehnte sich mit Kraft gegen die Tür, um den Müll so weit zusammenzuquetschen, dass wir wenigstens halbwegs normal bei Herrn Bützje eintreten konnten. Bei genauerer Betrachtung erstreckten sich von unserem Standpunkt aus Trampelpfade, auf denen der Müll etwas weniger hoch getürmt lag als im Rest der Wohnung. Hein ging voran. »Herr Bützje?«, rief er fragend in die bewohnte Müllkippe, um eine Idee zu entwickeln, wo in diesem Chaos unser Patient sein konnte. »Hier hinten im Badezimmer!«, rief eine etwas gequälte, aber dennoch kraftvolle raue Stimme. »Wir kommen zu Ihnen!«, rief ich sofort beruhigend, um Herrn Bützje zu signalisieren, dass wir ihn gehört hatten. »Ist gut, aber passen Sie auf, wo Sie hintreten! Machen Sie ja nichts kaputt!«, antwortete er mahnend, während Hein und ich uns tapfer durch einen kniehohen Müllsumpf kämpften.

Das Badezimmer lag anscheinend am Kopfende eines kleinen Flurs. Auf dem Weg dorthin passierten wir die Eingänge zur Küche und zu einem Wohn-Schlaf-Bereich. Effizienterweise hatte man auf Türen in diesem Bereich gänzlich verzichtet, sodass sich ein tiefer Einblick in diese Räumlichkeiten nicht verhindern ließ.

In der Küche waren Teile eines alten Linoleumbodens zu erkennen. Hier lag zwar weniger Müll, dafür gab es Brandlöcher auf dem Küchentisch und Schimmel an den Wänden. Der Schimmel hatte auch Töpfe befallen, die halb voll und ungereinigt auf der Spüle standen und einen gewaltigen Turm bildeten. Der üppige Bewuchs des Schimmels ließ mich staunen. Die Natur musste Wochen und Monate gebraucht haben, um so etwas hervorzubringen. Die Farbenpracht der verschiedenen Schimmelkulturen auf den Lebensmitteln erinnerte mich an den Anblick eines intakten Korallenriffs in Mikronesien und ich stand wohl immer noch staunend da, als Hein mir seine Hand auf die Schulter legte, um dann mit ausgestrecktem Arm wortlos in den Wohn-Schlaf-Bereich zu deuten.

Das Erste, was ins Auge stach, waren mehrere Matratzen. Diese waren allerdings nicht mit Laken bezogen, sondern machten vielmehr den Eindruck, als ob sie mit allen möglichen menschlichen Exkrementen getränkt wären. Auch hier changierten die Farben. Auf einem weiß-grauen Hintergrund traf ein zartes Gelb auf ein kräftiges Braun, um im Dialog alle Nuancen von Ocker zu bilden. Ansonsten war der Raum voll mit zerrissenen Akten und Elektroschrott und hätte dringend gelüftet werden müssen.

»Herr Bützje, wir kommen, wir sind gleich bei Ihnen!« Mit diesen Worten schob ich Hein voran, erstens, um nicht länger auf die ekelerregenden Matratzen blicken zu müssen, und zweitens, weil ich neugierig war, was uns im hiesigen Sanitärbereich erwarten würde.

»Ja, ja. Nur keine Eile«, antwortete unser Patient sarkastisch auf meine Ankündigung, als Hein und ich am Ziel waren und auf ungehobeltes Holz blickten. Das Badezimmer verfügte wenigstens über eine gebastelte Tür, die quasi angelehnt war, sodass wir Herrn Bützje zwar hören, aber immer noch nicht sehen konnten.

Hein nahm all seinen Mut zusammen und drückte gegen die improvisierte Tür. Ein leises Knarzen war zu hören, als sich uns mehr und mehr ein gekacheltes Panorama präsentierte, wie ich es so zuvor noch nie gesehen hatte. Peter Bützje schien Angst zu haben, dass es ab morgen kein Klopapier mehr käuflich zu erwerben gäbe. Die vollkommen versiffte Badewanne lag voll mit verschiedensten noch eingepackten Klopapierrollen und auch die Dusche diente als Speicherort für selbige Hygieneartikel. Fest stand schon mal: Dusche und Wanne erfuhren keine regelmäßigen Besuche. Klopapier fand sich aber auch links und rechts der Toilette, diesmal allerdings in gebrauchtem Zustand, was bei zunehmender Verweildauer im Badezimmer auch nicht gerade als angenehm beschrieben werden kann. Die restliche Dekoration des Badezimmers bestand aus Allzweckreinigern, ungeöffneten Seifen, gebrauchten Handtüchern, einer verwelkten Pflanze und der vermutlich weltweit größten Sammlung benutzter haariger Einmalrasierer.

Inmitten dieser charmanten sanitären Melange saß Herr Bützje auf seinen besten vier Buchstaben in einer Wasserlache und schaute uns erwartungsvoll an.

»Und jetzt?«, schnauzte er Hein und mich fordernd an. »Jetzt unterhalten wir uns erst mal!«, gab ich ebenfalls schnauzend zurück. Bevor ich jedoch die eigentliche Konversation mit Herrn Bützje beginnen konnte, brauchte mein zentrales Nervensystem noch einen Moment, um die äußere Erscheinung unseres Patienten einzuordnen. Gegen Tätowierungen und Körperbehaarung habe ich nichts, aber beides besaß unser Patient in beeindruckendem Überfluss. Nur mit einer knallroten Unterhose bekleidet, saß Herr Bützje mit ausgestreckten Beinen auf dem Boden des Badezimmers, sein linkes Bein schien leicht nach außen rotiert und verkürzt zu sein, was auf einen Oberschenkelhalsbruch hindeutete. Optisch fesselnder, wenn auch medizinisch irrelevant, war das Sammelsurium der Körperbemalungen. Eine kiffende Teufelsfratze auf dem rechten Oberarm blickte auf ein brennendes Herz auf der rechten Brust. Ein buntes Blumenmeer zierte den linken Arm und sinnfreie Girlanden bedeckten die gesamten Oberschenkel. Der Rest war mit weiblichen Vornamen verziert, die in unterschiedlichen Größen und Schriftarten die Zwischenräume füllten. All das wurde mehr oder weniger von einer Haarpracht bedeckt, die nicht nur einige Tätowierungen fast unkenntlich machte, sondern über die viele Männer glücklich gewesen wären, wenn sie nur die Hälfte davon auf dem Kopf gehabt hätten.

Gegen Tätowierungen und Körperbehaarung habe ich nichts, aber beides besaß unser Patient in beeindruckendem Überfluss.

»Ich kann nicht aufstehen! Was glotzen Sie denn so?«, maulte der auf dem nassen Boden sitzende Herr Bützje. »Äh, Entschuldigung«, stammelte ich, als Hein mir verbal zu Hilfe eilte. »Im Augenblick stellen wir hier die Fragen! Wie haben Sie sich denn diese Verletzung zugezogen?«, fragte er dominant, auf das linke Bein von Peter Bützje deutend. »Eine lange Geschichte!«, antwortete unser Patient daraufhin etwas pikiert. »Wir nehmen auch die kurze Version!«, konterte Hein hartnäckig, der anscheinend ahnte, dass hier nicht alles in gewöhnlichen Bahnen verlaufen war.

»Ich wollte nur das Putzwasser ins Waschbecken schütten, das Ding war aber leider so gut wie verstopft, da ist die Hälfte danebengegangen, und ich bin ausgerutscht!«, erklärte Peter B. in fast beiläufigem Tonfall. Hein holte tief Luft und seufzte, bevor er weitere Fragen stellte. »Ich will Ihnen nicht zu nahe treten, aber dass Sie hier regelmäßig putzen oder für Ordnung sorgen, fällt mir schwer zu glauben. Ihre Wohnung macht auf mich einfach einen ganz anderen Eindruck. Ich für meinen Teil würde hier sowieso eher alles heiß desinfizieren, anstatt zu putzen. Also noch mal meine Frage: Wie haben Sie sich diese Verletzung zugezogen?«, fragte Hein nachhakend, um den Unfallhergang genauer zu klären.

Jetzt war es unser Patient, der tief Luft holte, um zur umfänglichen Antwort auszuholen: »Kennen Sie den Satz ›Wer ficken will, muss freundlich sein!‹?« Hein und ich nickten, sowohl inhaltlich als auch die Frage betreffend zustimmend. »Ich sag Ihnen was! Ich hab noch einen Satz für Sie! ›Wer ficken will, muss sauber sein!‹ Ich hab mir 'ne Nutte kommen lassen. Und was macht die Bordsteinschwalbe, als sie hier ankommt? Sie dreht sich auf dem Absatz um! Dabei habe ich mir schon extra keine von den ganz Hübschen ausgesucht, die machen eh nur Blümchensex. Aber egal, da sagt dieses Mädel jedenfalls zu mir, so einen Saustall würde sie nicht betreten.« – »Na ja, wir hatten keine Wahl, aber uns kam auch der Gedanke«, unterbrach Hein. »Es ging ja noch weiter!

Ich hab dann gefragt, ob sie nicht wenigstens für eine Massage reinkommen wolle, daraufhin sagt diese Schnepfe, mich könne man nicht massieren, mich könne man höchstens bürsten! Können Sie sich das vorstellen?«, fuhr unser Patient entrüstet fort, ohne von Heins Einwand Notiz zu nehmen. »Haben Sie nur mit dieser Unterhose bekleidet die Tür geöffnet?«, reagierte Hein mit einer Gegenfrage. Nickend bejahte Herr Bützje. »Dann kann ich es mir sogar sehr gut vorstellen!«, antwortete Hein süffisant, bevor unser Patient mit leicht angesäuertem Gesicht die Schilderung des Unfallhergangs fortsetzte.

»Der Fall mit der Nutte war erledigt, aber man will ja nicht zweimal denselben Fehler begehen. Bevor die Nächste auch abhaut, wollte ich hier etwas aufräumen und saubermachen. Wer kann denn ahnen, dass man sich im Badezimmer dann fast das Genick bricht. So was passiert bei ungewohnten Tätigkeiten. Und das nur wegen der Fickerei. Sex stinkt, klebt und macht müde, aber darauf verzichten will man auch nicht«, resümierte er, ohne weitere Details des Unfalls preiszugeben.

Hein und ich stellten keine weiteren Fragen und beendeten so den kleinen verbalen Schlagabtausch. Stattdessen ging Hein in die Hocke und begann, das verletzte Bein medizinisch zu begutachten. Er prüfte den Puls am Knöchel, um einer ausreichenden Durchblutung sicher zu sein, bat Herrn Bützje, minimal die Zehen zu bewegen, und fragte darüber hinaus, ob Berührungen am Bein und am Fuß adäquat wahrgenommen wurden. Durchblutung, Motorik und Sensibilität waren gegeben, dennoch waren wir uns aufgrund der typischen Fehlstellung des Beins und der Unfähigkeit aufzustehen unserer Verdachtsdiagnose Oberschenkelhalsfraktur ziemlich sicher.

»Und wie geht's jetzt weiter? Können Sie mir nicht einfach eine Spritze geben?«, fragte Peter Bützje, als ich noch mit einer Blutdruckmessung beschäftigt war. Frühere Erlebnisse ließen Hein und mich bei dieser Fragestellung leise lachen. Wir beherrschten uns aber und übergaben Herrn Bützje keine eingepackte 10-ml-Spritze ohne Inhalt, sondern rissen uns zusammen und erklärten unsere weitere Vorgehensweise. »Wir werden Sie jetzt so schonend wie möglich ins Krankenhaus transportieren. Ich möchte Sie nicht beunruhigen, aber man wird Sie mit hoher Wahrscheinlichkeit operieren müssen«, erklärte ich möglichst sachlich, innerlich aber immer noch schmunzelnd.

Hein erläuterte gerade Transportdetails und beschrieb unserem Patienten die Funktionsweise einer Vakuummatratze, als dieser ihn unvermittelt unterbrach. »Im Krankenhaus darf man doch Besuch empfangen?«, fragte er fast naiv. »Natürlich«, antwortete ich, ohne nachzudenken. »Und im Krankenhaus ist es doch auch sauber, oder?«, fragte er jetzt mit schelmischem Unterton. Hein hatte schon verstanden, worauf unser Patient hinauswollte, als bei mir der Groschen gerade erst fiel. »Und meinen Sie, man darf im Krankenhaus, ich sage mal, Freizeitdamen empfangen?«, setzte Bützje seine freche Frageserie fort. »Wohl eher nicht, aber ...«, beschied ich ablehnend, als Herr Bützje mich auch schon wieder unterbrach: »Wie dem auch sei. In jedem Fall gibt es jede Menge leckere Schwestern und hübsche Ärztinnen!«

Nach entsprechender Lagerung luden wir Herrn Bützje in unseren Rettungswagen, wo wir einige Untersuchungen nochmals wiederholten, bevor wir wenige Minuten später Richtung Krankenhaus aufbrachen. Sowohl die Fahrt als auch die Übergabe unseres Patienten im Krankenhaus bedürfen keiner weiteren Beschreibung. Im Anschluss reinigten wir die Trage mehr als gründlich und nutzten die anschließende Einwirkzeit des Desinfektionsmittels für eine Zigarettenpause. Während ich vor mich hin paffte, dachte ich über die Zustände in der Wohnung unseres Patienten nach. Verschiedene Bilder und Gerüche hatte ich noch im Kopf, als Hein den Einsatz auf seine Weise abschließend kommentierte. Er sagte nur: »Ich hoffe, er lernt die Griechin kennen!«, und erinnerte damit erneut an vergangene Einsätze, diesmal mit einer äußerst charmanten, aber auch sehr praktisch veranlagten Chirurgin.

»Und ich hoffe, dass Hermann die Autopolitur noch nicht los ist! Mach die Kippe aus, und rein ins Auto, ich will zurück zur Wache!«, rief mir Hein mit freudiger Ungeduld seinen offenen Kleinkrieg mit Hermann in Gedächtnis. Dann schlug er die Fahrertüre zu und startete den Motor.

10. Notfall

In the Heat of the Night – erster Teil

Eine ganz normale Partynacht – na ja, bis auf die Fliegenklatsche

Bei Tage ist es kinderleicht, die Dinge nüchtern und unsentimental zu sehen. Nachts ist das eine ganz andere Geschichte.
Ernest Hemingway

"Komm zur Armee, da erlebst du was!« Dieser den alten Römern entliehene Spruch könnte heute heißen: »Komm in die Großstadt, da tobt das Leben!«

Gerade an Sommerwochenenden entladen sich die Fantasie, die Kreativität und das Schaffen der Stadtbevölkerung in einem wahren Gewitter des Lebens. Von Freitag bis Sonntag reihen sich Open-Air-Konzerte, Museumsnächte und sonstige Kulturveranstaltungen aneinander und die allgemeine Club- und Kneipenszene brummt in lauen Sommernächten sowieso auf Hochtouren. Die Stadt ist dann wirklich brechend voll, denn nicht nur die Städter selbst besuchen das wilde Treiben, auch das Volk aus dem Umland wird von den bunten Lichtern der Stadt magisch angezogen.

Es war 00:30 Uhr, als Hein und ich die Bekanntschaft von Malte und Torben machten. Malte hatte eine geschwollene Lippe und Torben fehlte ein Schneidezahn, was beim Sprechen einen leicht amüsanten Eindruck hinterließ. Wir standen noch vor der Bar »Cameltoe«, als Malte Hein und mir ausführlich die Ereignisse der letzten Stunden schilderte: »Da verlässt man einmal sein Heimatdorf, um am Samstagabend im Schmelztiegel der Innenstadt sein Glück zu suchen«, begann Malte schwermütig. »Für uns ›Jungs vom Land‹ ist es doch schon schwer genug, sich in den unübersichtlichen Häuserschluchten zurechtzufinden. Dann soll man auch noch alle ungeschriebenen Gesetze der Szene kennen. Es hat doch alles so harmlos angefangen«, fuhr er klagend fort.

»Torben hat in einer hauptsächlich von Männern besuchten Kneipe unnötigerweise gefragt, warum denn so wenig Mädels da wären – kurz danach haben wir mit dem Rücken zur Wand zügig den Ausgang gesucht. Dann hatten wir wieder kein Glück, als wir auf die Frage »Eh, was guckst du?«, nicht die richtige Antwort parat hatten. Wir mussten ordentlich Fersengeld geben, bevor wir die Typen in der Nähe vom Bahnhof abschütteln konnten. Danach waren wir erst mal bedient und wollten, was Unterhaltung angeht, auf Nummer sicher gehen«, fuhr Malte fort, als plötzlich hinter uns die Tür der Bar aufflog.

»Schafft mir die zwei Nuttenpreller vom Hals! Wenn die noch lange hier rumstehen, mach ich aus denen 'nen Fahrradständer!«, brüllte ein Gebirge von einem Kerl, dessen Bizeps die Ärmel seines T-Shirts zu sprengen drohte. Hein beschwichtigte den Kerl in lokaler Mundart, während ich die beiden Landjungs in den Rettungswagen brachte und somit zunächst eine räumliche Trennung gewährleistet war.

Ein Streifenwagen traf ein, denn Torben hatte eigentlich bei der Polizei und nicht bei der Feuerwehr angerufen. Die Polizei hatte uns jedoch aufgrund der geschilderten Verletzungen ebenfalls alarmiert, um auf alle Eventualitäten vorbereitet zu sein. Einer der eingetroffenen Polizisten betrat den Rettungswagen und unser Patientenraum wurde kurzfristig zum Polizeirevier. Malte schilderte als Erster seine Erlebnisse: »50 Euro waren ausgemacht für Blasen und Verkehr. Aber die blöde Schnepfe wollte mich reinlegen. Die hat sich auf mich draufgesetzt, aber umgekehrt, verstehen Sie? Also mit dem Rücken zu meinem Gesicht. Dann hat sie es mir mit der Hand gemacht, von wegen Verkehr. Ich komm vielleicht vom Land, aber ich merk doch noch, ob ich gevögelt werde. Dann hat es Stress gegeben, und der Typ von gerade hat mir eins aufs Maul gehauen.« Dann war Torben an der Reihe: »Ssoweit war iss noch gar nisst. Iss ssaß noch da und mussste mit einer gewisssen Ssamanta ssschweineteure Piccoloss ssaufen, alss Malte an mir vorbei fliesst und dann iss die Fressse gesstopfst kriege. Sschauen Ssie mal mein Zsahn!«, lispelte er aufgrund der Verletzung und deutete immer wieder auf eine leicht blutige Zahnlücke.

Dann stieg der zweite Polizist mit Hein im Schlepptau in den Rettungswagen und sagte mit ernster Miene: »Ihr zwei seid mir ja schöne Früchtchen!« – »Wiesso?«, fragte Malte immer noch lispelnd. »Laut Aussage der Gesellschaft in der Bar hast du versucht, eine der Damen zu nicht verabredeten Leistungen zu zwingen! Ich sag nur ›Hintertür‹!«, antwortete der Beamte und deutet auf Malte. »Und du«, jetzt sprach er an Torben gewandt, »und du hast an der Theke nach Kokain gefragt. Daraufhin hat man euch beide rausgeworfen! Von einer Anzeige will man vermutlich absehen, aber ihr habt Hausverbot«, endete er in ruhigem Tonfall. »Haussverbot!«, brachte Malte mit einer Mischung aus Unglauben und Entsetzen hervor. »Das war, das war alles ganz anders, ganz anders!«, stammelte Torben.

»Mag sein, ich glaub dir das sogar, aber es steht letztlich Aussage gegen Aussage. Ach ja, ich vergaß zu sagen, natürlich gibt es mehrere Zeugen für die Schilderungen der Bardamen. Selbstverständlich könnt ihr gern Anzeige wegen Körperverletzung erstatten«, endete der Polizist resümierend. »Ich an eurer Stelle würde den Abend unter dem Stichwort ›Erfahrung‹ abhaken und mit uns ins Krankenhaus fahren«, mischte sich Hein, zwar ungefragt, aber väterlich in die Entscheidungsfindung ein. Es dauerte noch einen Augenblick, bis die beiden Hein nickend zustimmten und wir sie zehn Minuten später in der Ambulanz einem Krankenpfleger übergaben.

»Am Mittwoch ist Happy Hour im ›Cameltoe‹«, meinte Hein beiläufig, als ich noch das Fahrtenbuch schrieb. »Auf Getränke oder auf die angebotenen Dienstleistungen?«, fragte ich bewusst sachlich. »Beides!«, antwortete Hein lächelnd, als im selben Augenblick die Leitstelle unser Gespräch unterbrach und uns per Funkalarmierung zu einem neuen Einsatz schickte.

Die eben schon benannte Innenstadt war erneut unser Einsatzort. Hier lagen unzählige Edeldönerbuden, Diskotheken und Loungebars dicht nebeneinander. Es war schier unmöglich, den Verlockungen aus gegrilltem oder wahlweise auch nacktem Fleisch erfolgreich aus dem Weg zu gehen. Alle zehn Meter standen zugedröhnte Studenten, die abwechselnd Flyer von Stripclubs und Imbissbuden verteilten und in deren Gesichtern die Sinnlosigkeit ihres BWL-Studiums in tiefen Augenringen geschrieben stand.

Es war 01:30 Uhr. Hein fuhr langsam am Gehweg entlang und schaute konzentriert auf das Gewimmel aus Menschen. Es war nicht einfach, hier den richtigen Patienten zu finden. Gesunder Menschenverstand hätte uns einen ganzen Bus voll betrunkener oder sonstig derangierter Gestalten ins Krankenhaus fahren lassen, aber wir suchten ein kollabiertes Mädchen in Begleitung ihrer Freundin, die sich bemerkbar machen wollte. »Da vorn!«, meinte Hein und deutete auf eine gestikulierende Blondine, die vor der Diskothek »Number One« stand.

»Hier, hierhin, meine Freundin Estelle ist zusammengebrochen, kommen Sie schnell!«, rief die junge Dame hektisch, als Hein und ich den Rettungswagen verlassen hatten.

Der Anblick, der sich bot, war durchaus attraktiv. Sowohl die auf dem Rücken liegende Dame als auch ihre besorgte Begleitung konnten durchaus als Zierde der Nacht bezeichnet werden. Die am Boden liegende Estelle war circa 170 Zentimeter groß, hatte ebenfalls blonde Haare und selbst auf Entfernung mystisch blau blitzende Augen. Der wohlproportionierte Körper steckte in einem seidig wirkenden Hauch von Nichts, den man auch mit einem champagnerfarbenen Negligé hätte verwechseln können. Die Begleitung, eine gewisse Michelle, hatte sich ebenfalls für körperbetonte Kleidung entschieden. Ihre Beine steckten in einem Röckchen, das meine Großmutter maximal als breiten Gürtel bezeichnet hätte, und ihre Oberweite formte ein hübsches Dekolleté, das von einer offenen, über dem Bauchnabel leger geknoteten weißen Bluse umrahmt wurde.

»Hallo, guten Abend, Rettungsdienst, was ist denn passiert?«, stellte Hein uns fragend vor, während er sich neben die noch immer am Boden liegende Estelle kniete. »Ach, es geht ja schon wieder. Nur Blut kann ich keins sehen, dann falle ich einfach um«, erklärte sich Estelle. »Ich sehe aber gar kein Blut«, stellte ich meiner Beobachtung entsprechend fest. »Können Sie auch nicht! Das hängt alles in Robin seinem Designerhemd«, schaltete sich Michelle ins Gespräch ein. »Und wer ist Robin? Und wo ist Robin?«, fragte Hein berechtigterweise. »Ach, vergessen Sie Robin, der ist weg! Der Doof hat sich eben mit dem Türsteher vom ›Number One‹ angelegt, wollte protzen, dass er nicht in der Schlange anstehen muss, ist aber gründlich schiefgegangen. Kurze Diskussion, dann war die Nase platt. Der Typ hat uns voll blamiert! Jedenfalls hatte Estelle dann Kreislauf. Wir kommen jetzt wochenlang hier nicht rein – das ist das Allerschlimmste«, erklärte Michelle die Geschehnisse. »Sprich du mal mit dem Türsteher, ich kümmere mich derweil um die Damen«, entsorgte Hein mich geschickt in Richtung Diskothek. »Mach ich!«, gab ich kurz angebunden zurück und ließ Hein mit den It-Girls allein.

Nach fünf Minuten kehrte ich mit brisanten Informationen zurück, musste aber feststellen, dass sich die Situation während meiner Abwesenheit gänzlich verändert hatte. Es sah nun so aus, als ob Hein Hilfe brauchte. Estelle lag nicht mehr auf dem Boden, sondern rieb, an Hein angelehnt, ihr Knie an der Außenseite seines Oberschenkels, während Michelle einen Arm um seinen Hals schlang und ihre andere Hand lasziv seine Brust kraulte.

Hein schaute ein wenig hilflos aus der Wäsche, als ich mit einem lauten »Ääähhmm!« die Aufmerksamkeit auf mich lenkte. »Die lassen nicht von mir ab, ich habe der einen den Blutdruck gemessen, da stand sie auch schon auf, und seitdem bearbeiten die mich, die beiden würden gern mit uns feiern und den Rest

Nach fünf Minuten kehrte ich mit brisanten Informationen zurück, musste aber feststellen, dass sich die Situation während meiner Abwesenheit gänzlich verändert hatte.

der Nacht gemeinsam mit uns verbringen«, faselte Hein verwirrt, immer noch von den Partymäusen belagert. »Kann ich mir vorstellen!«, antwortete ich altklug. »Der Türsteher hat mir seine Sicht der Dinge erklärt, die weicht geringfügig von der Schilderung der Damen, oder sollte ich sagen, der Mädchen, ab«, fuhr ich wissend fort. »Alte Petze!«, entfuhr es Michelle, bevor ich Hein weiter aufklären konnte. »Der Türsteher kennt euch ganz gut, zumindest weiß er, dass ihr beiden noch minderjährig seid. Auch wenn man es euch nicht ansieht! Du bist noch 15, und du bist gerade zarte 16 geworden«, gab ich nacheinander das Alter von Estelle und Michelle preis.

»Keine schlechte Masche, die ihr da abzieht. Ihr sucht euch 'nen Typen, den ihr umgarnen könnt und der sein Glück, von zwei derart lebensfrohen Mädels begehrt zu werden, nicht fassen kann. Dann lasst ihr euch den Rest des Abends aushalten, der arme Robin hat sich richtig Mühe gemacht. Ihr seid hier mit seinem teuren Cabrio vorgefahren, habt einen auf Hautevolee, Sugardaddy und Paris Hilton samt Freundin gemacht und seid dann leider an der Türe abgeprallt, weil ihr zu jung seid. Dann hat dieser Robin rumgepöbelt – er würde morgen das ganze Haus kaufen und als Erstes die gesamte Security entlassen –, bevor er nach Angaben des Türstehers unglücklich gestolpert ist und sich die Nase blutig gestoßen hat. Ihr zwei Hübschen habt dann auf Mitleid gemacht, um in die Disco hineinzukommen, und als das auch nicht funktioniert hat, hast du, Estelle, dich hier auf den Boden gelegt, während du, Michelle, mit dem Handy telefoniert hast. Wahrscheinlich hast du den Notruf abgesetzt. Euch haben dummerweise einige Passanten beobachtet, was der Blödsinn soll, könnt ihr gleich der Polizei erklären, die ist nämlich unterwegs, um euch abzuholen und euch an eure Eltern zu übergeben«, erklärte ich ausführlich, als neben mir auch schon ein Streifenwagen anhielt und zwei Polizistinnen ausstiegen. »Scheiße, keine Kerle! Mit den Weibern brauchen wir gar nicht erst zu verhandeln«, entfuhr es Estelle in Richtung Michelle, bevor wir die frühreifen Gören in die Obhut der Staatsmacht übergaben.

Um 02:00 Uhr verschlug uns die nächste Alarmierung in unseren städtischen Beachclub. Nicht dass bei Ihnen als Leser der Eindruck entsteht, mein Arbeitsplatz läge in Küstennähe – nein, Nordrhein-Westfalen hat keinen einzigen echten Strandkilometer zu bieten. Findige Gastronomen haben jedoch die Zeichen der Zeit erkannt, kippen an der nächstbesten Wasserstraße einfach einen Laster Quarzsand aus, stellen ein paar Strandliegen drauf, zwei kalte Kästen Bier, und fertig ist der Beachclub. Das ist das Schöne am Städter. Man kann ihm wirklich noch ein X für ein U vormachen.

Der Beachclub in meiner Stadt ist ein wahrer Luxustempel, hier stehen statt Strandliegen Himmelbetten im Quarzsand, es läuft echtes Meeresrauschen als Hintergrundmusik und die Bedienungen tragen rote Bikinis. Highlight ist aber eine wirklich tipptopp gepflegte Toilettenanlage, sodass man die eigene Notdurft nicht unter dem Badetuch des Strandnachbarn oder in irgendeiner Sandburg verrichten muss.

Ort des Geschehens war dann auch besagte Toilettenanlage. Xaver saß auf dem Boden, mit dem Rücken an eine gekachelte Wand gelehnt, und hielt sich ein blutgetränktes Stofftaschentuch vor die Nase. »Das war doch nicht böse gemeint. Das war doch nicht böse gemeint ...«, murmelte er immer wieder und schüttelte minimal den Kopf, immer darauf bedacht, das blutige Taschentuch vor die Nase zu halten. »Lassen Sie mal sehen«, forderte Hein ihn mit beruhigender Stimme auf, um die Verletzung zu begutachten. Das Taschentuch war noch keinen Zentimeter entfernt worden, da tropfte auch schon ordentlich Blut auf den Boden und eine zweifelsfrei gebrochene Nase kam zum Vorschein. »Wie ist es denn dazu gekommen?«, fragte ich interessiert. »Man hat mich zusammengeschlagen!«, antwortete er knapp. »Grundlos? Sind Sie ausgeraubt worden? Was meinten Sie eben mit ›Das war doch nicht böse gemeint?‹«, bohrte ich weiter. »Nein, nein, nicht ausgeraubt!«, brachte er gequält hervor. »Ich kam hier zur Toilette und wollte zum Pissoir. Bis da bin ich auch gekommen. Jedenfalls stand da ein Typ, der bereits pinkelte, ich hab mich ans Becken daneben gestellt und gefragt, ob er der letzte lebende Modern-Talking-Fan wäre. Der Kerl hatte ein Sweatshirt von ›Blue System‹ an – verstehen Sie? ›Modern Talking‹ – ›Blue System‹ – ›Dieter Bohlen‹, verstehen Sie? Ich wollte nur witzig sein, ich habe es wirklich nicht böse gemeint. Der Typ hat jedenfalls nicht lange gefackelt, hat gewartet, bis ich zu pinkeln begann, und dann hat er mich an den Haaren gepackt und meinen Kopf drei- oder viermal gegen die Fliesen geschlagen«, schilderte er mit nasalem Tonfall.

»Ich werde auch nicht gern beim Pinkeln angequatscht!«, bemerkte Hein trocken. »Um dann auch noch zu Herrn Bohlen in die Schublade gesteckt zu werden!«, ergänzte ich und schob damit zumindest eine Teilschuld am Vorfall unserem Xaver in die Schuhe. »Wollen Sie den Schläger anzeigen? Dann würden wir, um Zeit zu sparen, die Polizei bitten, direkt ins Krankenhaus zu kommen«, fragte Hein, als er zeitgleich Xaver auf die Beine half. »Ich weiß noch nicht«, antwortete der erschöpft, als er im Rettungswagen Platz nahm. In der Hals-Nasen-Ohren-Abteilung des aufnehmenden Krankenhauses wurde Xaver versorgt, und während der behandelnde Arzt uns schilderte, was *er* mit Xaver angestellt hätte, falls er ihn beim Pinkeln doof angequatscht hätte, verabschiedeten wir uns und schnorrten in der Ambulanz eine schöne Tasse schwarzen Kaffee. »Geschlafen wird heute eh nicht, Nachtruhe wird völlig überbewertet! Das war es noch nicht für heute Nacht, es ist unruhig und es bleibt unruhig!«, orakelte Hein über den weiteren Verlauf der Nacht. Er sollte recht behalten.

02:40 Uhr. Einsatzort war ein schmucker Altbau in der Eichenstraße, über dessen Tür ein riesiges historisches Wappenschild angebracht war. Ein poliertes Messingschild verriet, dass hier die Heimstätte einer gemischten Studentenverbindung war, was

Hein und mich bereits Vermutungen anstellen ließ, warum wir gerufen wurden. »Auf jeden Fall besoffen!«, brachten wir beide wie aus einem Mund hervor, als Hein die ebenfalls aus Messing gearbeitete Klingel betätigte.

Die Tür öffnete sich sofort und ein aufgeregter junger Mann mit Bierflecken auf dem weißen T-Shirt bat uns eilig herein. »Schnell, folgen Sie mir, wir müssen in den ersten Stock, Viola atmet nicht mehr!«, brachte er fast panisch hervor, bevor er vorauseilte. Hein und ich folgten eiligen Schrittes, nicht ohne zu bemerken, dass bis vor Kurzem im gesamten Haus wild gefeiert worden war. Zwar lief keine Musik und man hatte hastig versucht aufzuräumen, aber Konfetti auf dem Boden, leere Weinflaschen unter dem Treppenabsatz und ein feiner Dunst aus Zigarrenrauch, der immer noch in der Luft hing, offenbarten die jüngste Vergangenheit.

Der Weg in den ersten Stock führte durch eine kleine Empfangshalle, über eine breite Holztreppe mit Teppichauflage, die in jedem Stock in eine Galerie mündete, von der jeweils mehrere Zimmer abzweigten. Wir betraten einen großzügigen Raum, der ein wenig an einen Herrensalon erinnerte. Mit Enzyklopädien gefüllte Bücherregale, eine Clubgarnitur aus braunem Leder sowie gedämpftes Licht versetzten uns in eine Zeit, in der Männer sich noch ungestört zum Rauchen und Kartenspielen zurückziehen durften.

Der Raum war gefüllt mit circa 15 Personen beiderlei Geschlechts, von denen keine einen wirklich fitten Eindruck machte. Körperhaltung und Mimik wirkten, als hätten die Feierlichkeiten bereits vor drei Tagen begonnen, jedenfalls hatten einige der vermeintlichen Partyleichen bereits merkliche Schwierigkeiten mit dem aufrechten Gang. Alle blickten gebannt in Richtung einer Couch, auf der regungslos ein ungefähr 20 Jahre junges Mädchen lag. Hein verschaffte sich unsanft Platz, um sich sofort um unsere Patientin zu kümmern, während ich versuchte, herauszufinden, was geschehen war.

»Was war hier los?«, fragte ich barsch in die Runde, aber statt einer Antwort prasselten Gegenfragen auf mich ein. »Muss Viola sterben?« – »Warum atmet Viola denn nicht mehr?« – »Kommen wir ins Gefängnis?« – »Dürfen wir jetzt noch Medizin studieren?« und ähnliche abstruse Fragestellungen wurden an mich herangetragen. Ein Blick zu Hein verriet mir in der Zwischenzeit, dass die Situation anscheinend halb so wild war, jedenfalls machte er mit entspanntem Gesichtsausdruck eine relativierende Handbewegung. »Puls und Atmung – gut! Vielleicht ein bisschen zu langsam, aber nicht dramatisch. Nur wach kriege ich sie noch nicht!«, ergänzte er trocken.

Der Einzige, der nicht aussah wie ein Untoter, war der Typ, der uns die Tür geöffnet hatte. Auf ihn konzentrierte ich mich nun, um mehr in Erfahrung zu bringen. »Sie sehen nicht ganz so zerstört aus wie all die anderen Zombies hier! Was war hier los? Raus mit der Sprache, je eher wir wissen, worum es hier geht, desto eher können wir Ihrer Freundin helfen!«, fragte ich eindringlich den jungen Mann. »Es fing alles harmlos an. Ein paar Bierchen, ein paar Flaschen Wein, irgendwann machte ein Joint die Runde. Eskaliert ist das Ganze, als ein paar von uns angefangen haben, selbst destillierten Absinth zu saufen«, antwortete der Kerl in dem versifften T-Shirt kleinlaut. »Sonst noch etwas, das ich wissen sollte?«, bohrte ich eindringlich weiter. »Na ja, wir sind ja alle Medizinstudenten und der Heiner hat gesagt, wer ein richtiger Anästhesist werden will, der müsse sich auch schon mal selbst betäuben. Viola und ein paar andere haben vielleicht noch mit ein paar Medikamenten herumexperimentiert«, deutete er kleinlaut an, bevor er sich verlegen in einen Sessel gleiten ließ.

»Ihr habt sie wohl nicht mehr alle! Ihr Studentenfürze seid nicht mal in der Lage, festzustellen, ob eure Freundin noch atmet oder nicht – Gott sei Dank tut sie es! –, aber schon Paracelsus spielen wollen und mit Medikamenten herumfuchteln!«, brüllte Hein, der alles mit angehört hatte, pädagogisch wertvoll in die Runde. »Ab in die Klinik, wir treffen uns unterwegs mit dem Notarzt. Bring du die Kleine runter, ich bereite das Auto vor und informiere die Leitstelle!«, gab Hein Anweisung und war schon auf dem Weg nach unten.

Um die Sache etwas abzukürzen: Viola machte 20 Minuten später die Erfahrung, wie sich eine Magenspülung anfühlt, und landete anschließend auf einer Überwachungsstation. Zwei weitere Partygäste, die auch von Violas Medikamentencocktail gekostet hatten, wurden ebenfalls intensivmedizinisch betreut, und Hein und ich waren schon auf dem Weg zur nächsten Einsatzstelle.

03:35 Uhr. Wir erreichten die Wendelinstraße und waren noch auf der Suche nach der in der Alarmierung genannten Hausnummer, als sich auf dem Gehweg ein älterer Herr wild gestikulierend bemerkbar machte. »Gut, dass Sie kommen! Ich komme nicht mehr in mein Haus hinein«, rief er uns aufgebracht entgegen, als wir unseren Rettungswagen verließen. »Haben Sie sich ausgesperrt?«, fragte Hein skeptisch. »Na ja, sagen wir mal, ich wurde ausgesperrt!«, antwortete er energisch und deutete in die Dunkelheit seines Hauseingangs. Dort lag friedlich schnarchend ein Nachtschwärmer, der es wohl nicht mehr bis ins eigene Bett geschafft hatte. Mit geschätzten 95 Kilo lag er gegen die sich nach außen öffnende Türe gelehnt und gab in regelmäßigen Abständen sonor brummende Töne von sich. »Ich habe mir nur 20 Minuten die Beine vertreten. Mache ich immer, bevor ich zu Bett gehe, und als ich wiederkomme, liegt dieser Blödmann vor meiner Haustür. Ich hab noch versucht, den Kerl wachzurütteln, hatte aber keinen Erfolg. Der schläft tief und fest, neben dem können Sie eine Bombe zünden, der wird nicht wach. Ewig rumschreien wollte ich auch nicht, das gibt nur Ärger mit den Nachbarn, in meiner Not habe ich dann bei Ihren Kollegen angerufen«, schilderte der Rentner sein Leid.

»Wir kümmern uns!«, sagte Hein aufmunternd und schaltete seine Taschenlampe ein, um das lebende Hindernis besser in

Augenschein nehmen zu können. Das Bild, das sich uns bot, war typisch für ein betrunkenes Opfer der Nacht. Die Kleidung des Herrn war gepflegt und hatte zu Beginn des Abends sicher einen adretten Eindruck gemacht. Braune Lederschuhe, Jeans, ein brauner Ledergürtel und ein altrosafarbenes Hemd hatten sich aber mittlerweile in die Uniform einer abgestürzten Schnapsleiche verwandelt. Die Hände und die Knie waren erkennbar schmutzig, sodass der Schluss nahelag, dass zumindest ein Teil des Nachhausewegs auf allen vieren zurückgelegt worden war. »Es gab wohl Chili!«, resümierte Hein knapp und beschrieb damit die erbrochenen Kidneybohnen, die sich in Form eines umgedrehten Trichters auf dem Oberhemd des Herrn verteilt hatten.

Hein und ich untersuchten unseren Patienten. Der Blutzucker wurde gemessen, Pulsfrequenz und Blutdruck wurden bestimmt, Begleitverletzungen wie Brüche oder Platzwunden wurden, so gut es ging, ausgeschlossen. Grund des ungeplanten Nachtlagers schien tatsächlich der übermäßige Konsum von Alkohol zu sein, jedenfalls gab es bis auf den typischen Geruch keine erkennbare Ursache für das Schlafen unter quasi freiem Himmel.

»Da der Kerl auch durch unsere Untersuchungen nicht wach geworden ist, werden wir Ihr ›Problem‹ zum Ausnüchtern mit ins Krankenhaus nehmen«, erläuterte Hein unserem Anrufer die weitere Vorgehensweise. »Wegen mir können Sie den Typ auch zum Sperrmüll fahren, Hauptsache, ich komm jetzt bald mal ins Bett!«, antwortete dieser wenig schmeichelhaft und brachte abschließend seinen Unmut zum Ausdruck. »Ins Bett würde ich jetzt auch gern«, entfuhr es mir sehnsüchtig, wissend, dass die größte Herausforderung Hein und mir noch bevorstand.

Wuchten Sie doch mal bekotzte 95 Kilo, die über keinerlei Körperspannung verfügen, auf eine Trage, ohne sich selbst einzusauen! Nur ausreichend Erfahrung und eine ordentliche Portion Glück führen hier zum Erfolg.

Die Fahrt zum Krankenhaus verlief ohne nennenswerte Besonderheiten, einzig der Geruch der Chilikotze war trotz geöffneter Fenster unangenehm penetrant. Tröstlich ist in solchen Momenten nur das Wissen, dass sich die menschliche Nase nach circa acht Minuten an nahezu jeden Geruch gewöhnt hat.

In der Ambulanz angekommen, kommentierte die Nachtschwester unser »Zückerchen« mit den ironischen Worten: »Was für ein Glück! Nummer drei! Wenn die Jungs wach werden, können sie wenigstens Skat spielen«, um ihn anschließend neben zwei anderen Opfern der Nacht auf einer abwaschbaren hellblauen Kunststoffmatratze zu lagern.

»Gibt es zufällig noch einen heißen Kaffee?«, fragte Hein mit müden Augen bettelnd an die Nachtschwester gerichtet, als der akustische Alarm unseres Funkmeldempfängers seine Frage um 04:10 Uhr mit voller Wucht ins Reich der Illusion verbannte. Der Einsatz sollte uns zurück ins Epizentrum der feucht-fröhlichen Geselligkeit führen.

Das Schicksal hatte den Marktplatz als Bühne bereitet und Hein und ich mussten nicht lange suchen, um unseren Patienten zu identifizieren. Von einer grölenden Menschentraube umgeben, kniete ein junger Mann schmerzgekrümmt auf dem Boden und streckte uns seinen blanken Hintern entgegen. Schnell hatten Hein und ich die Umstehenden als Teilnehmer eines Junggesellenabschieds identifiziert, was durch einheitliche gelbe T-Shirts mit der Aufschrift »Es ist Liebe!« auch nicht sonderlich schwierig war. Ein Bollerwagen mit Wegzehrung in Form von Flaschenbier und Salzbrezeln rundete das Gruppenbild erwartungsgemäß ab. Auch unser Patient trug ein gelbes T-Shirt, allerdings war die Aufschrift eine andere: »Schmerz ist Schwäche, die den Körper verlässt!«, stand auf seinem Rücken in großen schwarz gedruckten Lettern zu lesen.

Diesem Motto folgend hatte man auch sein Sitzfleisch bearbeitet. Der Blick lag frei auf Landschaften, auf die sonst selten

Licht scheint, allerdings leuchtete dieser größte Muskel des Menschen selbst in dunkelster Nacht knallrot und ähnelte einem ausgepeitschten Sträflingsrücken auf einer Galeere. Sonst nur mit einem String bekleidet, steckten sein Gesäß und seine Beine in Lederchaps, bei denen funktionsgetreu das Hinterteil großzügig ausgespart war, um gut an den zu bearbeitenden Bereich heranzukommen. Lediglich das Werkzeug, welches massive Rötungen und offene blutige Striemen hervorgerufen hatte, war mir noch unklar. »Wer macht denn so was? Das grenzt doch an Folter! Nicht nur, dass der arme Kerl morgen heiratet, das ist schon schlimm genug – aber so was ...«, bemerkte Hein fassungslos kopfschüttelnd.

»Wer hat das mit Ihnen gemacht?«, fragte ich umständehalber ein wenig naiv. »Alle, die halbe Discomeile hat mich durchgelassen!«, brachte der Geschundene gequält hervor. Mein Verstand versuchte noch, das Gehörte zu verarbeiten, als ein anderer Junggeselle sich mit einem merkwürdigen Angebot einmischte. »Wollen Sie auch mal?«, fragte er euphorisch. »Perverses Schwein, ich kann dich mal durchlassen!«, schnauzte Hein und machte eine unmissverständliche Drohgebärde. »Was ist denn dabei? Eh, Alter, mach dich mal locker! Einmal für 0,50 Euro, fünfmal 2,00 Euro!«, präzisierte der Typ sein noch unverstandenes Angebot. »Einmal für 0,50 Euro, fünfmal 2,00 Euro? Mengenrabatt? Was? Wofür?«, wiederholte Hein verwirrt fragend. »Na pro Schlag mit der Fliegenklatsche 0,50 Euro! Was glaubst du denn, wovon der Arsch so aussieht! Jaappaaa!«, erklärte der Kerl nun unter dem Gegröle der gesamten Truppe.

Erst jetzt fiel mir in dem Bollerwagen ein bunter Strauß Plastikstiele auf, die knapp die Kante der seitlichen Holzplanke überragten und nun ihre wahre Bestimmung preisgaben. »Stimmt das? Hat man Sie derart mit *Fliegenklatschen* bearbeitet, dass Sie geschätzte acht Wochen nicht sitzen können?«, fragte ich, ungläubig an den Träger der rückwärtig offenen Lederhose gewandt. Zunächst nickte er nur zustimmend, holte dann aber tief Luft, um ausführlich zu antworten: »Es war wie immer! Es fing harmlos an ... und jetzt lieg ich hier. Ich kann nicht mehr, es tut zu weh. Erst war ja alles lustig, ich hab ordentlich gesoffen und so gut wie nix von den Schlägen gemerkt. Später sind wir dann aber auf Mädels gestoßen, die ganz schön derb drauf waren – die haben 50, ich sag es nochmal – 50 Schläge auf einmal gekauft. Das war dann schon hart! Irgendwann hatte ich noch mal einen hellen Moment, ich hab mir gedacht, hör mit dem Saufen auf, sonst gibt das morgen nix mit der Hochzeit, wer will schon seiner eigenen Braut vor die Füße reihern. Dummerweise tat mein Arsch umso mehr weh, je weniger ich gesoffen habe, und leider haben wir mehr als einmal Leute getroffen, die vom Mengenrabatt Gebrauch gemacht haben!«

»Saugeil, Alter! Saugeil! Du hast uns reich gemacht in dieser Nacht! Saugeil, Alter!«, jubelte ein anderer Kerl aus der Runde lauthals in die Nacht. »Du da! Du hast doch mit Sicherheit die Gruppenkasse?«, fragte Hein den Typen, der ihm kurz zuvor angeboten hatte, auch mal zuzuschlagen. »Worauf Sie sich verlassen können! Ich war früher in der Grundschule schon Kakaogeldbeauftragter!«, war die vorlaute Antwort. »Mir ist schon klar, warum es nicht zum Klassensprecher gereicht hat!«, konterte Hein. »Und jetzt her mit der eingenommenen Kohle, die bekommt das Opfer – sozusagen ›Schmerzensgeld‹! Für ihn ist die Party für heute beendet, wir fahren den zukünftigen Bräutigam mal ins Krankenhaus, Wundsalbe und Tetanus statt Schnaps und Fliegenklatschen!«, resümierte Hein passend mit einem Gesichtsausdruck, der keine Widerworte zuließ.

Das grölende Grüppchen löste sich langsam auf, ich half unserem Patienten, in Bauchlage auf unserer Trage eine möglichst bequeme Position zu finden, und Hein reichte ihm die konfiszierte Jungesellenkasse mit den melancholischen Worten: »Teil es dir gut ein – ab morgen ist für dich jeder Euro auch nur noch fünfzig Cent wert!«

Es war kurz vor Feierabend, die letzte halbe Stunde der Schicht verbrachten wir auf der Wache mit Kaffetrinken und Philosophieren. »Ich mag diese Nachtschichten am Wochenende, wenn wirklich der Baum brennt. Auch wenn ich mich zwischendurch mal aufrege und die Welt nicht mehr verstehe. Es ist alles so lehrreich, all die Fehler und Entgleisungen, die man selbst nicht mehr machen muss – verstehst du, was ich meine?«, grübelte Hein. Ein stummes und müdes Nicken war Zeichen meiner Zustimmung, dann kam die Ablösung.

11. Notfall

Die Bienen

Frau Korbmacher wurde gestochen

Bienen kennen keinen Sonntag.
Friedrich Löchner

Es war August, ein ruhiger Sonntag. Die letzte Woche der Sommerferien würde morgen beginnen. An den meisten Sonn- und Feiertagen sinkt die Einsatzfrequenz spürbar, es gibt keine Schulunfälle, kaum Arbeitsunfälle und die Bewohner der Stadt verhalten sich im Ganzen etwas gelassener und machen weniger Unsinn. Man kann den Eindruck gewinnen, dass alle Menschen, die sonst für Notrufe verantwortlich sind, nun den Rettungsdienst in Gran Canaria und die Feuerwehr auf Mallorca beschäftigen. Realistisch betrachtet, fahren Pyromanen und Schwerkranke aber nicht häufiger in Urlaub als friedliche und gesunde Menschen; ich für meinen Teil vermute sogar das Gegenteil, aber um meinen Mathematiklehrer zu zitieren: »Man muss nicht alles verstehen – manche Dinge nimmt man besser als gegeben hin!«

In meiner Wachabteilung ist es schöne Tradition, den Sonntag mit einem ausgedehnten gemeinsamen Brunch zu beginnen. Ein Gönner ist immer schnell gefunden, schließlich gibt es eine Reihe von Alltagssünden, die mit dem Bezahlen des Frühstücks geahndet werden. Diese moderne Form des Ablasshandels hatte diesmal Hein getroffen. Er hatte vor zwei Tagen seinen Helm an einer Einsatzstelle vergessen und war somit heute für Aufschnitt, Käse, Brötchen, Rührei und Bratwürstchen finanziell verantwortlich.

Selbstverständlich unterstützte ich Hein bei den umfangreichen Vorbereitungen. Das kunstvolle Veredeln der Käseplatte mittels Datteltomaten forderte meine ganze Aufmerksamkeit, als Hein sich flehend an mich wandte: »Kannst du bitte in einer halben Minute die Eier abschrecken? Ich hab die Finger voller Rindermett und außerdem tränen mir noch die Augen vom Zwiebelschneiden.« – »Sicher doch«, antwortete ich beiläufig, als mir eine kleine Schelmerei in den Sinn kam. Hein kochte gerade 15 Eier, und zwar genau sechs Minuten. Mit einem Löffel fügte ich ein weiteres rohes Ei für die letzten 20 Sekunden dem kochenden Wasser zu, sodass es etwas Temperatur aufnehmen konnte. Auch nach dem Abschrecken würde es noch handwarm sein. Wen der ovale Spaß dann ereilen sollte, überließ ich dem Losglück. Zugegeben, der Trick ist nicht neu, er sorgt aber dennoch immer wieder für Freude und Vergnüglichkeit. Es traf Matthias, der dem unerwarteten Missgeschick auch zur Freude aller anderen mit einem zünftigen »Scheiße!« Ausdruck verlieh. Nachdem er mit einem Messer das »Köpfchen« des Eis abgeschlagen hatte, verteilte sich die lauwarme labbrige Masse über Hände, Hose und Fußboden.

Mit dem bisherigen Verlauf der Schicht war ich also schon mal zufrieden. Noch kein Einsatz, lecker und ausgiebig gefrühstückt und obendrein noch Spaß gehabt. Nachdem die Küche durch einen circa halbstündigen Reinigungsangriff mehrerer Feuerwehrleute wieder in ihren Urzustand versetzt war, beschlossen Hein und ich, in unserer sonntäglichen Bereitschaftszeit ein wenig die Couch im Fernsehraum zu belagern.

Der Raum war leer, Hein ließ sich sanft in den Sessel seiner Wahl gleiten und griff nach der Fernbedienung. »Okay, du hast die Macht!«, sagte ich gleichgültig und überließ mich meinem Schicksal und Heins Programmwahl. Die Auswahl war groß, aber nicht befriedigend. Hein zappte jetzt schon eine Viertelstunde zwischen den Sendern hin und her. Die Übergänge zwischen *Karate Tiger* aus dem Jahr 1986, einer musikalischen *Reise durch Thüringen* oder auch einer Dokumentation mit dem Titel *Das geheime Leben der Insekten* verliefen fließend. »Alles schon sieben Mal gesehen«, brabbelte Hein noch, bevor er – einem Schlaganfallpatienten nicht unähnlich – im Sessel absackte und einnickte.

Recht hatte er! Am schlimmsten ist die Wiederholungsfrequenz irgendwelcher Pseudodokumentationen. Es hat schon etwas Debiles, 45 Minuten lang einem wildfremden Amerikaner bei Reparaturarbeiten an Hochspannungsleitungen zuzusehen. Erschöpfender ist nur noch die Kamerafahrt eines ICE von Köln nach Stuttgart im Nachtprogramm. Ganze Serien beschäftigen sich damit, wie eine Horde Lkw-Fahrer im eiskalten Kanada zurechtkommt oder wie Krabbenfischer bei Windstärke neun ihren Berufsalltag bewältigen. Wer sich von Zeit zu Zeit dem Fernsehprogramm hingibt beziehungsweise ergibt, kann mittlerweile intuitiv Bohrinseln bauen, Häuser sprengen, U-Boote kommandieren oder mit bloßer Hand Schlangen fangen. Gerade dachte ich darüber nach, wie viel man Dieter Kronzucker, einer Lichtgestalt des deutschen Nachkriegsjournalismus, wohl bezahlt, damit er den ganzen Blödsinn auch noch moderiert, als mich ein Alarm aus dem ›geheimen Leben der Insekten‹ herausriss.

»Einsatz für den Rettungswagen der Nordwache, Notfall in der Augusta-Klein-Straße 7, bei Korbmacher, Einsatzführer bitte vorher telefonisch in der Leitstelle melden«, sprach die Stimme aus der Wand. Hein und ich sprangen auf. Während ich bereits zum Fahrzeug eilte, tat Hein wie ihm geheißen und griff zum Telefon. Vor dem Einsatz nochmals die Leitstelle anzurufen heißt in der Regel nichts Gutes, gegebenenfalls wird man vor einer gewalttätigen Situation gewarnt oder man erfährt, dass der Patient an Infektionskrankheiten leidet etc.

Den Rettungswagen hatte ich bereits aus der Halle gefahren, als Hein zustieg: »Völlig unklare Lage. In der Leitstelle hat wohl eine total hysterische Frau angerufen und irgendwas von Stechen und gestochen gelallt. Es war schon schwierig, überhaupt eine Adresse zu verstehen, sagt der Disponent. Wir fahren hin und schauen, was los ist. Wenn uns etwas komisch vorkommt, sollen wir die Polizei nachfordern«, setzte Hein mich kurz und knapp ins Bild. Die Anfahrt verlief im ruhigen Sonntagsverkehr ohne Besonderheiten. Ohne Berufsverkehr oder sonstige Widrigkeiten erreichten wir die Augusta-Klein-Straße schon nach wenigen Minuten. Die Straße bestand zum größten Teil aus viergeschossigen Altbauten, eine ruhige Wohngegend, in der gegen 22:00 Uhr die Bürgersteige hochgeklappt werden. Nur selten wurden wir hierhin zu Einsätzen alarmiert, umso gespannter war ich, was uns im Haus Nummer 7 erwarten würde.

Von außen war das Haus völlig unauffällig, lediglich ein frisches Graffiti sorgte für ein gewisses anarchisches Flair. Hein und ich bewaffneten uns mit der Notfallausrüstung und schritten zur Eingangstür. Die Beschilderung an den Klingeln machte es uns einfach, von vier Klingeln war lediglich die unterste beschriftet. Filigran war dort der Name »Korbmacher« in Messing graviert. Hein streckte seinen Arm, um mit dem Zeigefinger die Klingel zu betätigen, doch so weit kam er nicht. Zwei Momente bevor die Fingerkuppe ihr Ziel erreicht hatte, wurde die Wohnungstür geradezu aufgerissen. Vor uns erschien schreiend Frau Korbmacher.

»Erscheinung« ist wohl der richtige Begriff, denn Frau Korbmachers Äußeres war wirklich bemerkenswert. Um die 40 Jahre alt, die blonden Haare hochtoupiert, und somit insgesamt circa 200 Zentimeter groß, stand die Dame kreischend vor uns: »Die Bienen, die Bienen haben mich gestochen, gestochen, die Bienen haben mich gestochen, gestochen, gestochen, die Bienen, gestochen …« Es nahm kein Ende. »Wo gestochen, wo sind die Bienen? Alles wird gut, jetzt sind wir ja da«, drängte Hein beruhigend ins Haus. Hinter uns fiel die Haustür ins Schloss und schlagartig war es dunkel. »Soll ich die Polizei rufen?«, fragte ich Hein süffisant, ohne eine Antwort zu erwarten. Suchend tastete ich nach einem Lichtschalter, fand ihn, und im Flurbereich wurde es wieder hell. »Nein, kein Licht! Dann kommen sie wieder, die Bienen, gestochen, die Bienen …«, legte Frau Korbmacher erneut los.

»Nun versuchen Sie sich bitte zu beruhigen, hier sind keine Bienen! Wir gehen erst mal in Ihre Wohnung«, startete Hein einen erneuten Versuch der Deeskalation. »Aber Sie kommen mit mir und bleiben bei mir«, schluchzte unsere Patientin fast panisch. »Natürlich! Wir sind ja hier, um Ihnen zu helfen«, antwortete ich, während wir gemeinsam die Wohnung im Erdgeschoss betraten.

Dort angekommen, sank Frau Korbmacher erschöpft auf einen Hocker neben der Garderobe und holte erleichtert Luft. Der Moment der Ruhe gab mir Gelegenheit, unsere Patientin etwas genauer in Augenschein zu nehmen. Das Gesicht wurde größtenteils von einer riesigen braunen Sonnenbrille verdeckt, ein geschwungener Rand aus Horn ließ die eh schon große Brille noch monströser wirken. Eine lila Strickjacke mit ebenfalls gestrickten dreidimensionalen Applikationen, hautenge fleischfarbene Leggins und lila Sandalen bildeten den Rest des modisch bemerkenswerten Ensembles.

Auch die Wohnung ließ ich einen Augenblick auf mich wirken. Es war eine Mischung aus Bibliothek und Weinkontor. Von der Küche aus, in der wir uns mittlerweile befanden, war im Wohnzimmer eine mit Büchern vollgepfropfte Regalwand zu sehen und auch andere Einrichtungsgegenstände waren überfrachtet mit Büchern und Zeitschriften. Leere Weinflaschen zierten alle möglichen Zwischenräume, und auch, wenn in so manchem Flaschenhals eine halb abgebrannte Kerze steckte, war doch klar, dass der Konsum und nicht der dekorative Aspekt im Vordergrund stand.

Es war meine Aufgabe, erste medizinisch relevante Daten zu erheben, ich fühlte den Puls, Blutdruck und Blutzuckergehalt wurden gemessen und auch ein EKG wurde abgeleitet. Währenddessen, wenn auch schon viel ruhiger, brabbelte Frau Korbmacher immer wieder: »Die Bienen, die Bienen, die haben mich gestochen.«

Ein wenig fühlte ich mich wieder in das geheime Leben der Insekten versetzt, als Hein begann, unsere Patientin genauer zu befragen. »Wo sind Sie denn gestochen worden?«, fragte Hein. »Na hier im Haus, während ...«, antwortete unsere Patientin, als Hein sie unterbrach. »Nein, nein, einen Moment, ich möchte wissen, wohin die Bienen Sie gestochen haben«, präzisierte Hein seine Fragestellung. Frau Korbmacher antwortete nicht, stattdessen zog sie sich unter Schluchzen und Seufzen die Monsterbrille von der Nase und hielt uns ihr Gesicht zur Begutachtung hin. Hein und ich waren enttäuscht. Wir hatten Rötungen, Schwellungen, vielleicht sogar einen zurückgebliebenen Stachel erwartet, aber wir schauten nur in ein ganz normales, vielleicht minimal aufgedunsenes Gesicht. Auch die Werte, die meine Untersuchungen ergeben hatten, gaben keinen Anlass zur Sorge.

»Es sieht schlimm aus, oder?«, jammerte Frau Korbmacher fragend, mit einem Blick, der Bestätigung erwartete. »Um ehrlich zu sein – nein!«, antwortete ich wahrheitsgemäß. »Sie wollen mich nur schonen, die haben mich gestochen, die Bienen haben mich gestochen. Ich sehe fürchterlich aus!«, ereiferte sie sich. »Wann und wie oft sind Sie denn gestochen worden?«, erkundigte ich mich nach weiteren Details. »Wann kann ich gar nicht mehr genau sagen, irgendwann in den Morgenstunden. Wie oft – was weiß ich, ich hab aufgehört zu zählen, überall waren Bienen. Die haben mich gestochen, die Bienen haben mich gestochen ...« Frau Korbmachers Antwort ging in ein nicht enden wollendes Wehklagen über.

Hein gab mir ein Zeichen, näher zu ihm zu kommen. Es war an der Zeit, sich zu beratschlagen. »Psychotische Störung!«, warf ich flüsternd meine Meinung in den Ring. »Nix psychotische Störung! Die Gute ist nur voll wie 20 Wikinger, stell dich mal näher ran, dann riechst du eine Weinfahne vom Allerfeinsten«, gab Hein ebenfalls leise zurück. »Möglicherweise beides. Durch Alkohol ausgelöste Psychose wäre plausibel. Das leicht aufgedunsene Gesicht und der Weinflaschenparcours würden dazu passen«, verteidigte ich meine Verdachtsdiagnose. Hein schüttelte ablehnend den Kopf. »Eine Phobie, die Gute hat Angst vor Bienen«, schlug ich als weiteren Lösungsansatz vor. »In einem Buch habe ich von Leuten gelesen, die Angst davor haben, von Enten beobachtet zu werden, es gibt alle möglichen Ängste. Unsere Frau Korbmacher hat halt Angst vor Bienen und sich vor lauter Schreck erst mal ein Fläschchen Bordeaux gegönnt«, versuchte ich, meine Theorie zu untermauern. Hein lehnte einen psychischen Hintergrund weiter ab und fasste die Gesamtsituation treffend zusammen: »Psychose, Phobie oder schlichtweg besoffen, ist am Ende auch egal. Guten Gewissens zu Hause lassen können wir die Gute sowieso nicht. Ob der Psychiater Arbeit bekommt oder nur ein Bett zum Ausnüchtern gebraucht wird – akut lebensbedrohlich erkrankt ist unsere Patientin wohl kaum, aber der Weg ins Krankenhaus bleibt derselbe. Auf geht's!«

In gewisser Weise konnte ich Frau Korbmachers Not nachfühlen. Als kleines Kind bin ich barfuß, im Garten meiner Eltern spielend, auf eine im Gras sitzende Biene getreten. Noch im Todeskampf hat es sich der schwarz-gelbe Honigproduzent nicht nehmen lassen, mir in die zarte Fußsohle zu stechen. Das blöde Vieh hätte doch wegfliegen können! Na ja, wie dem auch sei, seit diesem traumatischen Schlüsselerlebnis reagiere auch ich bei allem möglichen Getier, das kreucht, fleucht und fliegt, unangepasst bis hysterisch. Wegen eines auf mir sitzenden lästigen flugfähigen Käfers habe ich mich mal fast selbst verprügelt. Gut möglich also, dass Frau Korbmacher nur aufgrund einer zufällig vorbeifliegenden Biene eine Panikattacke erlitt.

Während ich noch im Geiste über Angst, Panik und irgendwelche Insekten philosophierte, hatte Hein Frau Korbmacher schon über unsere Absichten aufgeklärt. Diese hatte auch keinerlei Einwände, uns ins Krankenhaus zu begleiten, schließlich müsse dort ihr geschundenes Gesicht versorgt werden. Hein kontrollierte noch, ob der Herd und weitere Elektrogeräte ausgeschaltet waren, während ich Frau Korbmacher behilflich war, eine Tasche mit den nötigsten Krankenhausutensilien zu packen. Wir verschlossen die

Wohnung und wollten uns gerade auf den Weg machen, als ein Vorbote dramatischer Ereignisse auftauchte.

Unsere Patientin nahm das leise Summen wohl als Erste wahr. Ich hielt sie locker am Arm, um ihr ein Gefühl der Geborgenheit zu vermitteln, als ich feststellte, dass sich ihre gesamte Muskulatur verkrampfte. Frau Korbmacher stand bereits stocksteif vor Angst im Hausflur, als auch Hein und ich das Summen bemerkten. Das Summen wurde lauter und im faden Licht der Flurfunzel erschien ein fliegendes Insekt. Ob es eine Biene oder eine Wespe war, ließ sich nicht mit Bestimmtheit sagen, aber auch mich beschlich jetzt ein mulmiges Gefühl. »Da sind sie wieder, die Bienen«, flüsterte Frau Korbmacher in einem Tonfall, der jedes Hitchcock-Thrillers würdig gewesen wäre. Hein reagierte sofort. »Was wollten Sie eben sagen? Wo sind Sie gestochen worden?«, fragte er eindringlich. »Na hier, überall im Gesicht«, erwiderte Frau Korbmacher und missverstand Hein erneut. »Nein, nein, diesmal möchte ich wissen, wo im Haus Sie gestochen wurden!«, konkretisierte Hein seine Fragestellung ungeduldig. »Na unten im Keller, da liegt mein ganzer Wein, die Viecher waren überall, die haben mich gestochen. Die Bienen haben mich ...«, das Klagelied setzte erneut ein.

An mich gewandt erläuterte Hein seine aktuelle Einschätzung der Lage: »Okay, ich habe keine Lust, mich im Krankenhaus zu blamieren. Ob die Dame psychisch angeschlagen, besoffen ist oder gestochen wurde oder von mir aus auch alles zusammen, wir müssen sicherstellen, dass hier keine Killerbienen herumfliegen.« So weit so gut, aber Hein war leider noch nicht fertig mit seiner Ausführung. »Ich bringe Frau Korbmacher schon mal ins Auto, geh du mal kurz in den Keller und schau nach«, gab er lapidar Anweisung. »Warum gehst du nicht selbst in den Keller?«, fragte ich kess. »Allergisch!«, war die knappe, aber vernichtende Antwort. Fassungslos starrte ich Hein an, als dieser sich besänftigend Frau Korbmacher zuwandte. »Kommen Sie, ich bringe Sie schon mal in Sicherheit, mein Kollege kommt gleich nach. Gibt es Angehörige, die wir über Ihren Krankenhausaufenthalt informieren sollten?«, fragte er unsere Patientin beiläufig, als die beiden ohne mich das Haus verließen.

Am Ende des Flurs lag der Kellerabgang, ich ging langsam darauf zu, öffnete eine Holztür und schaute ins Dunkel. Der Lichtschalter war alt, ein Drehschalter, es ertönte das charakteristische Klacken und eine Lampe kämpfte einen Augenblick mit sich selbst, bevor sie sich entschloss, Licht zu spenden. Vor mir lagen circa 20 grau gestrichene Stufen, von Bienen oder Wespen keine Spur. Von einem gewissen Unbehagen erfüllt ging ich die Kellertreppe hinunter und stand erneut vor einer Tür. Dahinter vermutete ich mehrere Kellerverschläge, die den einzelnen Bewohnern des Hauses zugeordnet waren. Was soll's, dachte ich mir und beruhigte mich selbst. Kurzen Blick reinwerfen und dann nix wie raus hier.

Die Tür ließ sich aufgrund ihres Gewichts nur langsam öffnen, erneut betätigte ich einen Lichtschalter und trat in den Raum. Mir bot sich das erwartete Bild: Sechs Verschläge aus Holzlatten teilten den Raum. Der Keller schien älter als der Rest des Gebäudes, alte gebrannte Backsteine bildeten das Mauerwerk, Stromkabel lagen auf dem Putz und grob vergitterte Fenster aus einfachem Milchglas ließen trübes Tageslicht in den Raum fallen. Durch die Latten konnte ich die Lagergüter der Bewohner erkennen: Propangasflaschen, Reisekoffer, Kinderwagen, Farbeimer und Gartenmöbel dominierten das insgesamt ordentliche Bild. Hier und da hingen die »Fliegengitter des kleinen Mannes«, in Fachkreisen auch Spinnweben genannt. Alles in allem ein ganz normaler Keller.

Von mir unbemerkt, verrichtete in der Zwischenzeit der hydraulische Türschließer seine Arbeit. Ein lautes »Klack« ertönte, die Tür hinter mir war zu, und in derselben Millisekunde setzte ein eindeutiges Summen ein. Der Bewegungsablauf, der nun meinerseits folgte, kann nur als ein panisches Herumschnellen bezeichnet werden. Das Nächste, was ich wahrnahm, war ein fußballgroßes Bienen- oder Wespennest, das förmlich an der Innenseite der Tür klebte. Einen Augenblick nahm ich sogar die Schönheit des Bauwerks wahr – das in verschiedenen Brauntönen tosende Wellenmeer aus zerkauten Holzfasern bot einen wunderschönen, geradezu majestätischen Anblick. Leider war der nächste Augenblick weniger schön. Das Summen in meinen Ohren wurde lauter und schwoll zu einem ausgewachsenen Dröhnen an, gleichzeitig verließen gefühlte 2 000 000 schwarz-gelbe Soldaten das Nest und fielen über mich her.

In mir fand eine Schlacht zwischen Panik und klaren Gedanken statt. »Um zur Türklinke zu gelangen, musst du noch näher ans Nest – fatal!« – »Im Raum bleiben – auch fatal!« Immer mehr fliegendes Getier surrte um mich herum, berührte mich und ließ mich zunehmend verzweifeln. Am Ende verlor ich die Beherrschung und kämpfte mich wild schreiend und um mich schlagend zur Tür – keine wirklich weise Entscheidung, denn meine hektischen und unkontrollierten Bewegungen ließen »Maja«, »Willi« und Konsorten nur noch aggressiver werden. Erste Stiche setzten ein, Schmerz breitete sich aus, und meine aufgeregte Flucht durch den Treppenraum wurde von mindestens 200 schlecht gelaunten Hautflüglern begleitet, die keinerlei Anstalten machten, von mir abzulassen. Als ich nach einem Sprint durch den Hausflur das Freie erreichte, stand Hein gelassen an der Tür zum Patientenraum des Rettungswagens und unterhielt sich mit Frau Korbmacher. Erst durch meinen Ruf »Hein! Bienen! Wespen! Weg hier!« wurde er auf mich aufmerksam. Sein Kopf fuhr herum, sofort realisierte er die Situation, schmiss die Tür zum Patientenraum zu, brach in fast irres schallendes Gelächter aus und suchte selbst im Fahrerraum Schutz und Zuflucht. Zugeben: Wahrscheinlich hatte mein Auftritt eine gewisse Komik und erinnerte an die Flucht von Honigdieben, die von Bienenschwärmen verfolgt werden, dennoch hätte ich etwas mehr Heldenmut und Hilfestellung von Hein erwartet. Sich selbst in

Meine aufgeregte Flucht durch den Treppenraum wurde von mindestens 200 schlecht gelaunten Hautflüglern begleitet, die keinerlei Anstalten machten, von mir abzulassen.

Sicherheit zu bringen und mich meinem Schicksal zu überlassen, darüber würden wir später noch reden müssen.

  Irgendwann hatte ich alle meine Verfolger abgeschüttelt beziehungsweise verscheucht und konnte es wagen, zu unserer Patientin in den Rettungswagen zu steigen. Der Begriff »Rettungswagen« bekam für mich in dieser Situation eine völlig neue Bedeutung. Während ich noch meine Stiche zählte und vor mich hin fluchte, fragte Frau Korbmacher nur sorgenvoll: »Die Bienen?« Durch das Fenster, das Patienten- und Fahrerraum verbindet, wandte Hein sich fragend an mich: »Dann haben wir jetzt wohl zwei Patienten, oder?« – »Bist du wirklich allergisch auf Bienen und Wespen?«, antwortete ich in ernstem Tonfall mit einer Gegenfrage. Hein sagte nichts mehr, er lachte nur, drehte sich wieder um und fuhr los.

12. Notfall

Eingeklemmt

Das unschuldige Spiel der Kinder verläuft nicht immer wie geplant

Es kann der Frömmste nicht in Frieden leben, wenn es dem bösen Nachbarn nicht gefällt.
Friedrich Schiller

Der Beruf des Feuerwehrmanns ist wohl einer der abwechslungsreichsten, den man sich vorstellen kann. Nachdem am Morgen ein Tanklasttransporter, beladen mit flüssigem Klärschlamm, leckgeschlagen war, hatte ich noch buchstäblich in der Scheiße gewühlt. Gegen Mittag gewannen wir den Kampf gegen eine brennende Fritteuse und jetzt, gegen 17:00 Uhr, stand ich am Rande einer Einsatzstelle und beobachtete zahlreiche Polizisten dabei, einen Versuch nachbarschaftlicher Lynchjustiz zu unterbinden.

Wie war es so weit gekommen? Zugegeben, ich war nicht von Anfang an dabei gewesen. Als Leser mögen Sie mir verzeihen, dass der wesentliche Handlungsstrang der Geschichte auf den Erzählungen emotional stark aufgewühlter Mitmenschen, zum Teil kindlichen Alters, beruht.

Alles hatte damit begonnen, dass Ricardo und seine Freunde von Langeweile gequält wurden. Insgesamt waren sie zu siebt, ein Haufen elf- bis 13-jähriger Halbstarker in viel zu großen Bomberjacken und viel zu teuren Turnschuhen. Die Häuserschluchten ihrer Umgebung waren nicht nur architektonische Kunstfehler, nein, sie waren auch trostlos. Die einzige Abwechslung bot ein eingezäunter Spielplatz, dessen Benutzung für einen durchschnittlichen Zwölfjährigen dieser Generation aber vollkommen uncool und damit ausgeschlossen war. Der Spielplatz unserer Rasselbande war die Straße, und ihre Spiele hießen nicht »1-2-3 – Verstecke dich« oder »Cowboy und Indianer«, sondern »Fightclub und Mitschüler erpressen«.

Ricardo und seine Freunde waren noch dabei, ihre Ausrichtung in der Welt zu finden, ihre Kräfte zu messen und zu erfahren, wo gewisse Grenzen verlaufen. Um diese wichtigen Erfahrungen zu sammeln, braucht es eine Reihe von Experimenten. Wir kennen es aus der Wissenschaft: Manchmal gehen Experimente gründlich schief.

Um die Langeweile zu vertreiben, hatte unsere »Gang« unter Ricardos Führung die Schultasche eines Mitschülers geraubt, um diese anschließend anzuzünden. Zwar waren Schulbücher und Hefte nach einer Weile ordentlich angekokelt, aber das erhoffte Höllenfeuer war leider ausgeblieben.

Enttäuschung machte sich breit. Ricardo, der dabei war, sich als Führer der Bande zu etablieren, musste handeln. Er bestieg einen Müllabwurf, der mit Waschbetonplatten umfasst war, um zu seiner jungen Gefolgschaft zu sprechen: »Wir werden die Schultasche mit Feuerzeugbenzin noch mal anheizen und sie dann in diesen Müllcontainer werfen. Es wäre doch gelacht, wenn wir kein ordentliches Feuer hinkriegen!«, tönte er, als die Plastikabdeckung des Papiercontainers, auf der er stand, von ihrer Auflagefläche abrutschte und Ricardo plötzlich und völlig unvermittelt zwischen Müllcontainer und Waschbetonplatte abhandenkam.

Ricardo war verschwunden, quasi vom Müllcontainer verschluckt. Und was vielleicht für eine amüsante Metapher gehalten werden könnte, war bitterer Ernst. Zu diesem Zeitpunkt wusste es noch keiner, aber der angehende Chef unserer Jugendclique hatte sich durchaus schwer verletzt. Das rechte Schien- und Wadenbein war gebrochen und eine aus einer Waschbetonplatte hervorstehende Schraube hatte dafür gesorgt, dass sein linkes Bein eine beeindruckende Risswunde am Oberschenkel aufwies.

Kevin, Marvin, Cem, Alex, Igor und Alkan reagierten und handelten altersentsprechend. Vier der Helden machten sich aus dem Staub, sodass nur noch Cem und Alex dem abgestürzten Ricardo zur Seite standen. »Eh Alter, Ricardo, was ist los?«, rief der elfjährige Cem dem Eingeschlossenen zu. »Holt mich hier raus, es tut schweineweh!«, war die gequälte, durch die Stahlplatten gedämpfte Antwort. Alex kletterte besorgt auf den Müllabwurf, um sich ein Bild der Lage zu verschaffen. Oben angekommen, konnte er in das Innere des Bauwerks schauen. Insgesamt standen drei verschiedene fahrbare offene Müllcontainer nebeneinander. In die Betonkonstruktion waren oben farbige Plastikdeckel eingearbeitet, sodass der jeweilige Müll in den entsprechenden Containern landete. Ricardo lag in unbequemer Position ganz rechts zwischen Papiercontainer und Betonwand eingeklemmt. »Wir holen Hilfe!«, rief er Ricardo zu, ehe er sich wieder zu Cem hinabgleiten ließ. Unten angekommen, beschrieb er seinem türkischen Freund kurz die Situation, als dieser auch schon sein Mobiltelefon aus der Tasche zog, um geistesgegenwärtig die Notrufnummer 112 zu wählen.

»Kommt ja nicht auf die Idee, die Polizei oder die Feuerwehr zu rufen! Sonst knallt es!«, tönte es aus dem Nichts. Alex und Cem blickten erschrocken um sich, um den Ursprung der Drohung zu lokalisieren. Es dauerte einen Moment, bis ihnen klar war, wer zu ihnen sprach.

Herr Lehnsen hatte das Wort an sie gerichtet. Herr Lehnsen war schon ein besonderer Zeitgenosse. Spion der Hausverwaltung, kleinkarierter Pedant, Siedlungssheriff oder auch einfach nur Riesenarschloch waren die gebräuchlichsten Umschreibungen für die wohl unbeliebteste Person im gesamten Wohnblock. Herr Lehnsen machte es sich und seiner Umgebung aber auch wirklich nicht leicht. Keine Ruhestörung, die nicht gemeldet wurde, kein Grillfeuer, das nicht beanstandet wurde, kein Falschparker, der nicht angezeigt wurde. Kurz gesagt: Herr Lehnsen müsste eigentlich vom örtlichen Ordnungsamt einen jährlichen Bonus kassieren.

Wie so oft hatte es sich der untersetzte Glatzkopf auch heute in seiner Küche im ersten Stock gemütlich gemacht. Hier lehnte er dann, die Ellbogen auf ein Kissen gestützt, im Fensterrahmen und observierte geduldig die Umgebung. Er hatte alles beobachtet und nun war Ricardos Absturz ein gefundenes Fressen, um seinen Frust über die Welt herauszukotzen.

»Kleinkriminelles Gemüse! Der kleine Scheißer ist da allein reingekommen, jetzt kann er zeigen, wie er da allein wieder rauskommt!«, tönte der Frührentner, um seiner vorherigen Aussage Nachdruck zu verleihen. »Aber ich glaube, er hat sich verletzt und braucht Hilfe«, rief Alex erklärend zurück. »Na und? Als ich mir letzten Winter bei Glatteis einen Bänderriss geholt habe, weil die Schlampe aus dem zweiten Stock nicht gestreut hat – wer hat mir da geholfen? Keiner! Das Leben ist eines der härtesten, euer kleiner Freund lernt diese Lektion am besten so früh wie möglich«, lamentierte Herr Lehnsen mit Wut in der Stimme.

»Und was sollen wir jetzt tun?«, fragte Alex hilflos, während Cem, in der Hoffnung, eine alternative Öffnung zu finden, den Müllabwurf untersuchte. »Ihr kommt doch sonst überall rein und raus, wo ihr nichts zu suchen habt, da wird doch ein Müllabwurf kein Problem sein«, stellte der unsympathische Nachbar hämisch fest. »Wir kommen nicht in das Scheißding rein, um Ricardo zu helfen, rausziehen können wir ihn auch nicht, und du sagst, er ist verletzt – wir rufen jetzt den Rettungsdienst!«, stellte Cem, für einen Elfjährigen beeindruckend analytisch, fest. Alex nickte, als Herr Lehnsen erneut drohend auf sie einschimpfte: »Ja, ruft nur die Feuerwehr oder den Rettungsdienst oder die Polizei, oder alle auf einmal! So viele Autoradios könnt ihr zwei gar nicht klauen, um den Einsatz anschließend zu bezahlen. Jawohl, dafür sorge ich, ihr zwei bezahlt den ganzen Spaß! Und eine Anzeige wegen versuchter Brandstiftung kommt noch obendrauf, ich bring euch ins Gefängnis, ihr kleinen Nichtsnutze!«

Cem und Alex standen für einen Moment eingeschüchtert da und überlegten, ob sie für ihren Bandenführer Ricardo nun Ärger in Kauf nehmen oder ihn seinem Schicksal überlassen sollten. Die Entscheidung wurde ihnen unverhofft abgenommen.

Wie sich erst viel später zeigen sollte, hatten die vier kleinen Feiglinge Kevin, Marvin, Igor und Alkan ein schlechtes Gewissen bekommen und von einer zwei Kilometer entfernten öffentlichen Telefonanlage einen Notruf abgesetzt.

Den eintreffenden Rettungswagen besetzten heute Klaus und Paul. Nach ihrer Ankunft erkundeten die beiden die Lage und hielten – von Herrn Lehnsen hämisch kommentiert – Rücksprache mit Cem und Alex. Zwar wurden nicht alle Details des Unfallhergangs erläutert, aber Klaus und Paul waren anschließend grob im Bilde, was sich in der vergangenen Viertelstunde abgespielt hatte. »Sie wollen dem verdammten Hosenscheißer doch nicht auf Kosten meiner Steuergelder helfen?«, schrie der inzwischen wieder im Fenster lehnende Blockwart aus Leibeskräften.

»Ich denke schon! Aber was haben Sie denn überhaupt mit der Sache zu tun?«, fragte Klaus daraufhin. »Ich habe hier in der Straße das Sagen, und du ehrenamtlicher Rettungsschnösel machst gefälligst, was ich sage. Das ganze Pack hier, kaum geschlechtsreif, vermehrt sich wie die Ratten! Einer mehr oder weniger spielt hier keine Rolle, im Mülleimer liegt der kleine Scheißer schon ganz richtig! Und wer bezahlt das Spiel mit dem Rettungswagen? Jawohl! Ich mit meinen Krankenkassenbeiträgen. Kümmert euch lieber um Leute, die es nötig haben!«, brüllte Herr Lehnsen nun vollkommen hysterisch.

Derweil versammelten sich, vom Eintreffen des Rettungswagens und der anschließend lautstarken Diskussion angelockt, immer mehr zufällig vorbeikommende Anwohner an der Einsatzstelle. Paul erkundete inzwischen die medizinische Lage und unterhielt sich, auf dem Müllabwurf hockend, mit dem verunfallten Ricardo. Dieser war nach augenscheinlichem Befund zwar ernsthaft, aber nicht lebensbedrohlich verletzt. An eine patientenschonende Rettung war aber ohne technische Hilfsmittel dennoch nicht zu denken und so beorderte Paul über Funk noch weitere Kräfte der Feuerwehr zur Einsatzstelle.

Keine fünf Minuten später hatte sich der Ort des Geschehens in einen brodelnden Kessel verwandelt. Die eingetroffene Feuerwehr hatte, nach Rücksprache mit der Besatzung des Rettungswagens, damit begonnen, eine Seitenwand des Müllabwurfs zu entfernen, um an den verletzten Ricardo zu gelangen. Anwesende Passanten hatten währenddessen per Mobiltelefon die Eltern von Cem, Alex und Ricardo informiert, die daraufhin in Lichtgeschwindigkeit an der Einsatzstelle eintrafen, währenddessen Herr Lehnsen alle Anwesenden als Mitwisser von Straftaten und Sozialschmarotzer beschimpfte.

»Kann den Kerl mal jemand abschalten?«, fragte Hein genervt, während er dabei war, eine Kunststofffuge zwischen zwei Waschbetonelementen mittels einer speziellen Säge zu durchtrennen. »Der krakeelt schon die ganze Zeit, schätze, das gibt gleich noch Ärger hier«, antwortete Paul, der in der Nähe bereitstand, um Ricardo sofort nach Entfernung der circa acht Zentimeter dicken Betonplatte medizinisch zu versorgen.

Die technische Rettung sollte noch ein paar Minuten in Anspruch nehmen. Die Eltern von Ricardo beobachteten besorgt das Vorgehen der Feuerwehr, während sich die Eltern von Cem und Alex von ihren Söhnen genau erklären ließen, was sich in der nunmehr letzten halben Stunde zugetragen hatte. Von einer brennenden Schultasche, mit der alles begonnen hatte, erfuhr zunächst niemand etwas, dafür wurden aber Herr Lehnsens Notrufverbot und die anschließende Hilflosigkeit umso farbenfroher geschildert.

Um ihre vorpubertäre Brut zu Recht besorgt und emotional ergriffen, machte sich unter den Erziehungsberechtigten nun Wut über Herr Lehnsen breit. Erste Drohungen wurden verbal in seine Richtung geschleudert. Für eine Weile zog dann noch mal Ricardos Rettung alle Aufmerksamkeit auf sich. Gerade wurde er möglichst schonend aus dem Müllabwurf befreit und anschließend von seiner Mutter begleitet in den bereitstehenden Rettungswagen gebracht, als die Stimmung endgültig zuungunsten von Herrn Lehnsen kippte.

Die Väter und Anwesenden waren sich einig, dass Herr Lehnsen ein Fall für das Faustrecht war. Hier standen keine Kommunikationspsychologen oder Ethnologen auf der Straße, hier standen Maurer, Schlosser, Schreiner und Metzger, alle entschlossen, Herrn Lehnsen ihre Sichtweise der Dinge zu erläutern, wobei die Betonung auf »läutern« lag, was in diesem Zusammenhang als körperliche Züchtigung zur Befreiung von charakterlichen Schwächen verstanden sein wollte. Kurz gesagt, Herr Lehnsen sollte ordentlich was auf die Fresse kriegen.

Den drei Vätern schlossen sich schnell zahlreiche Verbündete an. Jeder hier im Block hatte schon unter dem selbst berufenen Sheriff gelitten und so beschloss man, seine Wohnung zu stürmen, um ihm eine unvergessliche Lektion zu erteilen. Die Dinge verselbstständigten sich ein wenig, jedenfalls bildeten sich zwei Fronten. Ein Teil der Männer lieferte sich vom Gehweg aus eine verbale Schlammschlacht mit Herrn Lehnsen, während der andere zum Hauseingang stürmte, um den Versuch zu unternehmen, gewaltsam in seine Wohnung einzudringen.

Ralf, unser Zugführer, ergriff das Wort. »Männer, auch wenn mein subjektives Empfinden dem Kerl eine Abreibung gönnen würde – wir werden hier etwas unternehmen müssen. Peter, du forderst über Funk die Polizei an, und die sollen hier gefälligst mit mehr als einem Streifenwagen aufschlagen. Der Rest kommt mit mir. Wir werden versuchen, im Haus das Schlimmste zu verhindern. Abmarsch!«, kommandierte er und ging voran. Bisher hatte ich im Abseits gestanden und die schriftliche Einsatzdokumentation geführt, doch innerhalb von wenigen Augenblicken sah ich mich einem wütenden Mob gegenüberstehen. Zu dritt folgten wir Ralf, um Selbstjustiz zu verhindern. Ich hatte kein gutes Gefühl im Bauch.

Wir betraten das Treppenhaus und sofort waren Geschrei und dumpfes Pochen zu hören; offensichtlich versuchte man, die Türe einzutreten. Der notorische Griesgram hatte aber wohl früher

*Die Väter und Anwesenden waren sich einig,
dass Herr Lehnsen ein Fall für das Faustrecht war.*

oder später mit einem solchen Zwischenfall gerechnet, auf jeden Fall war er vorbereitet. Die Türe, von einer soliden Stahlzarge umfasst, war mit drei Schlössern auf verschiedenen Höhen versehen und verriet so schon von außen, dass es sich nicht um ein gewöhnliches Standardmodell handelte, das nach drei Fußtritten krachend in die Wohnung fallen würde. Erleichterung durchfuhr mich, während Ralf sich deeskalierend an die aufgebrachten Väter wandte: »Meine Herren, das führt doch zu nichts! Am Ende haben sie den Ärger, und der Blödmann da drin bekommt noch mehr Oberwasser!« – »Mag sein, aber es verschafft Genugtuung!«, entgegnete einer der Väter und trat erneut kraftvoll gegen die Tür. »Diese Tür treten Sie nicht mal eben ein«, versuchte Hein die Sinnlosigkeit ihres Handelns technisch zu erklären, als endlich Martinshörner und Lautsprecherdurchsagen ertönten und die nachalarmierte Polizei eintraf.

Kurz wurde es eng und laut im Hausflur, wir zogen uns zurück und überließen der Polizei ihre originäre Aufgabe. Es dauerte ein oder zwei Minuten, dann verließ ein wütendes Grüppchen, immer noch fluchend, unter Polizeibegleitung das Haus. Langsam, aber sicher kehrte wieder Ruhe am Einsatzort ein. Wer lange genug zuschauen konnte, wurde wenig später Zeuge, wie Herr Lehnsen von der Polizei in einen Streifenwagen verfrachtet wurde. Er erhielt eine Anzeige wegen unterlassener Hilfeleistung. Hein und ich konnten nicht anders – wir applaudierten.

13. Notfall

Der Kongress

Eine Begegnung mit zum Teil unfreundlichen Damen

Die Bibel enthält sechs Ermahnungen an Homosexuelle und 362 Ermahnungen an Heterosexuelle. Das heißt aber nicht, dass Gott die Heterosexuellen nicht liebt. Sie müssen nur strenger beaufsichtigt werden. Lynn Lavner

Unter bestimmten Voraussetzungen entsendet die Stadtverwaltung zu Veranstaltungen einen Feuerwehrbeamten, um geltende Brandschutzvorschriften zu überprüfen und deren Einhaltung zu gewährleisten. So ist es nicht ungewöhnlich, dass auf Konzerten, Tagungen oder auch Silvesterpartys irgendwo im Hintergrund ein Feuerwehrmann, meist unbemerkt, seiner Pflicht nachgeht. Technische Einrichtungen, Personenzahlen, Bestuhlungspläne und Fluchtwege müssen kontrolliert werden und auch während der Veranstaltung sind offene Augen nützlich, um für alle Beteiligten einen entspannten Verlauf zu gewährleisten.

Im Allgemeinen sind Feuerwehrleute, die den sogenannten Sicherheitswachdienst versehen, gern gesehene Gäste, und so blickte ich der kommenden Veranstaltung im Kongresszentrum vollkommen entspannt entgegen. »Lesbisch – ein politischer Kampfbegriff, Pro und Kontra«, so lautete die Überschrift des heutigen Tages, an dem die Verantwortlichen überwiegend homosexuelle Besucher erwarteten, genauer gesagt circa 2000 Lesben aus dem gesamten Bundesgebiet.

Da ich im Rheinland aufgewachsen bin, pflege ich seit jeher einen offenen und gelassenen Umgang mit jeder Art der Extravaganz. Nicht dass dies ein persönlicher Verdienst wäre, nein, aber die liberale und weltoffene Lebensweise im Rheinland haben mich dahingehend positiv geprägt.

Zu Lesben kann ich nicht viel sagen, ich habe nicht viele kennengelernt. Dennoch scheint es einen Unterschied zu geben zwischen dem, was mich die Pornofilme aus der Videothek glauben machen wollen, und dem, was mir samstagnachmittags, Holzfällerhemden tragend, in der Fußgängerzone entgegenkommt. Natürlich ist diese Beobachtung nur ein klischeegesättigtes Vorurteil, aber was hilft am besten gegen Vorurteile – genau, die persönliche Auseinandersetzung. Umso mehr war ich gespannt und neugierig, was mich auf dem Kongress der Lesben und der anschließenden Abendveranstaltung erwarten würde.

Durch den Haupteingang betrat ich die Veranstaltungsräume und machte mich auf die Suche nach einem oder einer Verantwortlichen. Eine junge Frau, die gerade einen Infostand mit Stoffbahnen präparierte, erschien mir als geeigneter Wegweiser. »Entschuldigung, wo finde ich denn hier den Veranstalter?«, fragte ich freundlich interessiert, worauf mich die Blicke der jungen Dame von oben bis unten abfällig musterten. Wenn ich keine Uniform getragen hätte, wäre mein Leben wohl schon in diesem Augenblick verwirkt gewesen. Durch den Hauch von behördlicher Autorität, den ich ausstrahlte, ließ sie jedoch Gnade vor Recht ergehen und beschied mich mit einem knappen, »den Gang entlang«.

»Eigene Schuld!«, murmelte ich selbstkritisch vor mich hin, schließlich hatte ich nach dem Veranstalter und nicht nach der Veranstalterin gefragt. In Anbetracht des zu erwartenden Publikums nahm ich mir vor, größere Sensibilität die Geschlechterfrage betreffend an den Tag zu legen, und klopfte mit gemischten Gefühlen an eine Tür, die ein Schild mit der Aufschrift »Organisation« trug.

Die Tür öffnete sich und vor mir standen drei Damen zwischen 30 und 40, die mich freundlich hereinbaten. Alle drei Grazien trugen ein T-Shirt mit dem Schriftzug »NO MEN«, aber der umgänglichen Stimmung tat dies keinen Abbruch. Die Damen waren tatsächlich das verantwortliche Organisationsteam und wiesen mich sachkundig und professionell in den geplanten Veranstaltungsverlauf ein.

Im Foyer gab es zahlreiche Infostände, in den angrenzenden Räumen fanden Workshops statt und in zwei großen Sälen gab es ein aufeinander abgestimmtes Vortragsprogramm. Highlight der Abendveranstaltung sollte ein Konzert der Gruppe »Burning Scrotum« sein, die naturgemäß nur aus Frauen bestand. Dieses Konzert lag dem Organisationsteam schwer im Magen, denn Raumgröße und verkaufte Karten hatten nichts mit der erwarteten Besucherzahl zu tun.

»Wir schätzen, dass mindestens 300 Frauen hier sind, die keine Karte haben, aber dennoch das Konzert erleben wollen!«, brachte es eine der Damen auf den Punkt. »Wir schauen mal. Ich sehe mir die Räumlichkeit an, vielleicht lässt sich ja durch geschickte Lenkung des Publikums die Situation entschärfen«, antwortete ich, Hoffnung stiftend, und machte mich auf den Weg, um Bühne und Konzertsaal in Augenschein zu nehmen.

Der Gang durchs Gebäude glich einem Spießrutenlauf. Abgesehen von den Damen des Organisationsteams schienen mich alle anderen Frauen als ekelerregenden Fremdkörper wahrzunehmen. Ich bekam einen Eindruck, wie sich das hässlichste Tier im Zoo fühlen muss, als ich zwei Minuten später den abendlichen Konzertsaal betrat. Der Raum war menschenleer, auf eine Bestuhlung war verzichtet worden, nur die aufgebaute Bühne, Boxen und eine Lichtanlage verrieten die geplante Nutzung. Hinter der Bühne hörte ich leise flüsternde Stimmen. Meine Neugier war geweckt und ich schaute nach, wer oder was hinter den Aufbauten sein Unwesen trieb. Meine Entdeckung war nicht sonderlich spektakulär. Zwei Techniker saßen auf irgendwelchen Kisten und bemühten sich um eine unauffällige Erscheinung.

»Guten Tag, ich nehme an, Sie begleiten ebenfalls die Veranstaltung?«, begrüßte ich freundlich fragend. »Ja, ja, aber seien Sie nicht so laut! Wir sind froh, dass niemand weiß, wo wir sind, mit den Freundinnen der gleichgeschlechtlichen Liebe ist nicht zu spaßen! Wenn die könnten, wie sie wollten, dann würden unsere

Hoden schon in einem ausgelutschten Joghurtbecher im Kühlschrank stehen.« – »Wie bitte?«, entgegnete ich konsterniert. »Was wir uns beim Aufbau anhören mussten, das geht auf keine Kuhhaut. ›Schwanzgesteuerte Stehpisser‹ war noch das Harmloseste. Militante Kampflesben haben sich hier versammelt! Hier ist für jedes XY-Chromosom Vorsicht geboten. Ich bleib hier hinter meinem Mischpult, und wenn ich mal Pipi muss …«, an dieser Stelle deutete der Tontechniker auf eine große leere Saftflasche und machte deutlich, dass er unter keinen Umständen beabsichtigte, sein Versteck hinter der Bühne an diesem Abend zu verlassen. »Na dann noch gutes Gelingen«, wünschte ich und machte mich befremdet auf den Rückweg, um mich erneut mit den Damen vom Organisationsteam zu besprechen.

Die circa 100 Meter kreuz und quer zurück durchs Gebäude verliefen dann aber nicht so harmlos wie zunächst gedacht. Eine höchstens 20-Jährige, die unerlaubterweise mit einem Klapprad auf den Fluren umherfuhr, umrundete mich provokant in immer enger werdenden Kreisen. Mehrmals fehlten nur Zentimeter bis zur Berührung und mich beschlich langsam der Verdacht, dass sie es auf eine Kollision anlegte. Mein etwas biederer und schulmeisterlicher Einwand »Fahrräder, auch Klappräder, sind im Inneren des Gebäudes nicht geduldet!« wurde von einem aggressiven »Ist es nötig, dass hier ein Schwanz rumrennt?« derb gekontert.

»Jetzt aber mal nicht unverschämt werden hier, du Göre. Du glaubst wohl, ich bin zum Spaß hier, oder was? Ich bin hier auch für deine Sicherheit verantwortlich!«, antwortete ich erbost, aber pflichtbewusst. Ein diesmal fast geschrienes »Ist es nötig, dass hier ein Schwanz rumrennt?« war die wenig erbauliche Reaktion. »Ich scheiß auf dich, du notgeiler Arsch! Gibt es keine Frauen bei der Feuerwehr? Frauenfeindliches Gesocks! Da muss ein Schwanz kommen, um auf uns aufzupassen!«, setzte sie ihre Tirade fort und endete erneut mit einem lautstarken »Ist es nötig, dass hier ein Schwanz rumrennt?«

»Jetzt aber mal nicht unverschämt werden hier, du Göre. Du glaubst wohl, ich bin zum Spaß hier, oder was? Ich bin hier auch für deine Sicherheit verantwortlich!«, antwortete ich erbost, aber pflichtbewusst.

Die Situation verschlechterte sich aber noch weiter. Durch die Schreierei der Fahrradfahrerin alarmiert, schauten nun auch andere Damen herüber, die mir bisher keine Beachtung geschenkt hatten beziehungsweise denen ich bislang nicht aufgefallen war. Langsam wurde mir klar, dass die junge Lesbe kaum an einer Diskussion mit mir interessiert war, vielmehr wollte sie für maximale Aufmerksamkeit sorgen. Und hatte damit Erfolg.

Stur setzte ich meinen Weg fort, als mich wenig später, zwar zu Fuß und nicht auf Rädern, aber immerhin schon fünf junge Frauen umringten, die meine Anwesenheit ebenfalls abfällig kommentierten. Man rückte mir zunehmend unangenehm nah auf den Pelz und die Angebote, mich zum Kastraten zu machen, wurden immer konkreter. »In Berlin hätten wir dir schon die Eier abgebissen!«, drohte eine meiner Verfolgerinnen besonders enthusiastisch, als die rettende Türe zum Büro des Organisationsteams nur noch fünf Meter entfernt war.

Klinke runterdrücken, wie selbstverständlich eintreten, selbstsicheren Gesichtsausdruck aufsetzen, Türe schließen, durchatmen, Gefühl von Sicherheit ausstrahlen.

Drei etwas überraschte Damen im Inneren des Büros schauten mich fragend an und erwarteten offensichtlich eine Erklärung für mein ungestümes Eindringen. »Eine gute Nachricht!«, begann ich, Schönwetter machend. »Das Konzert der Band – wie hieß sie noch mal?«, unterbrach ich mich selbst fragend, um etwas Zeit zu gewinnen. »Burning Scrotum!«, antworteten die drei wie aus der Pistole geschossen, immer noch auf eine Erklärung wartend. »Genau, ›Burning Scrotum‹! Das Konzert der Band kann wie geplant stattfinden.« Hier machte ich eine lange rhetorische Pause, bevor ich bedeutungsschwanger weitersprach. »Da der Konzertsaal am Ende des Gebäudes liegt, errichten wir einfach eine weitere Zugangskontrolle im hinführenden Flur. So vermeiden wir eine Überfüllung des Saals und alle sind zufrieden. Sie brauchen nur zwei Tische, etwas Flatterband und zwei Damen, die die Tickets der Besucherinnen kontrollieren«, präsentierte ich stolz eine Lösung für das vorhin angedeutete Problem.

»Schön, dass sich eine Lösung finden wird, daran hatten wir nicht gezweifelt. Aber wieso sehen Sie aus wie eine Hexe auf der Flucht vor der spanischen Inquisition?«, fragte eine der Verantwortlichen.

»Ich habe mich beeilt und bin wohl etwas ins Schwitzen geraten«, antwortete ich beiläufig, um einen unaufgeregten Eindruck bemüht, und ließ mich erleichtert auf einem klapprigen Stuhl nieder. Die nächsten drei Stunden blätterte ich durch eine Frauenzeitschrift, die zuvor auf einem Tisch herumgelegen hatte. Wirklich gelesen habe ich nicht, aber es machte einen beschäftigten Eindruck. Auch den Raum habe ich nicht mehr verlassen, jedenfalls nicht bis zum Feierabend. Die beiden Tontechniker hinter der Bühne im Sinn, bemühte ich mich, es ihnen gleichzutun und möglichst unsichtbar zu bleiben. Recht hatten sie. Von einer ach so verfolgten Minderheit hätte man mehr Toleranz erwarten können. Wie heißt es in einem Grundsatz der praktischen Ethik so passend: »Was du nicht willst, das man dir tu, das füg auch keinem anderen zu!«

14. Notfall

Kleine Ursache – große Wirkung

Die Eskalation einer Schnittwunde

Die Nachrichten über meinen Tod sind stark übertrieben.
Mark Twain

Schmetterball! Der Volleyball schlug knapp innerhalb der Linie auf und hinterließ, begleitet von euphorischem Gejubel, einen deutlichen Abdruck im Sand des Beachvolleyballplatzes. Dienstsport ist besonders im Sommer eine feine Sache. Wenn es die Witterung irgendwie zulässt, ist es gute Tradition, den Hausmeister einer benachbarten Schule so lange zu belästigen, bis er die Schlüssel zur Außensportanlage rausrückt, damit wir anschließend bis zum Einbruch der Dunkelheit Beachvolleyball spielen können.

Bevor der Eindruck entsteht, dass ich arbeite, wie andere Menschen Urlaub machen, sei gesagt, dass Dienstsport fester Bestandteil meines Berufslebens ist. Im Sommer lässt sich das Angenehme oftmals mit dem Nützlichen verbinden, während im Winter Zirkeltraining in einer mit Schweißgeruch geschwängerten Turnhalle ebenso viel Spaß macht wie Muskelaufbau im wacheigenen Kraftraum, mit Geräten aus den frühen 50er-Jahren, aufgebaut in einem ehemaligen Gemeinschaftsduschraum mit Schlachthofcharakter.

»Verdammter Idiot! Vielleicht bewegst du dich mal!«, schnauzte Erhard wegen des verlorenen Punktes wütend in Hennings Richtung. »Ja aber …«, stammelte der einen Versuch der Rechtfertigung. »Nix, ja aber …! Du bist ein verdammter Bewegungslegastheniker! Ein Großmütterchen mit Gicht in den Knochen ist geschmeidiger als du. Das ist der siebte Punkt, den du versaust, guck dir die Krücken da vorn mal an, eine Schande, gegen die im

Rückstand zu liegen!«, echauffierte sich Erhard weiter und deutete mit ausgestrecktem Arm auf die gegnerische Mannschaft.

Das Losglück war mir heute nicht hold, und so war auch ich in Erhards Team geraten und blickte dem Spielverlauf mit einer gewissen Sorge entgegen. Volleyball war in Erhards Augen eine Frage der Ehre. Sonst war er ein angenehmer, entspannter und in sich ruhender Zeitgenosse – aber wehe, es kam ein Ball ins Spiel, dann konnte es ungemütlich werden.

In halb gehockter Haltung erwartete ich, knöcheltief im Quarzsand stehend, den nächsten Aufschlag. Hein schlug hart und platziert. Um überhaupt eine Chance zu haben, hätte ich mich in den Sand werfen müssen. Leider war der Quarzsand in der vergangenen Nacht von einer örtlich ansässigen Kaninchenfamilie als Toilette missbraucht worden und so hatte ich die Wahl zwischen möglichem Punktgewinn oder Bodypainting mit Hasenscheiße. Meine Abneigung gegen Fäkalien jeder Art ließ mich stehen bleiben, als Ausgleich warf ich ungelenk meine Arme nach vorn, was zwar keinen Erfolg brachte, dafür aber albern aussah.

Zwar touchierte der Ball meinen linken Arm, prallte jedoch ab und flog ins Aus, sodass Erhard seinen Spielfrust nun an mir ausließ. »Hat dich jemand festgehalten? Was war das denn? Ich schwöre, dass ich so etwas noch nie gesehen habe! Du bist ja körperlich noch beschränkter als der Bürstenbinder da vorn! Hattest du jemals Sportunterricht? Oder hat Mutti dir immer ein Attest geschrieben, weil du wegen mangelnder Schambehaarung zu schüchtern warst, mit den anderen Jungs zu duschen, häähh? Ich hör nichts!«, schnauzte er und fuchtelte, mich imitierend, mit den Armen.

»Können wir weiterspielen?«, unterbrach Hein bewusst freundlich. »Ja sicher, du Schmierwurst, spiel mal zu mir statt immer zu diesen Opfern!«, brüllte Erhard zurück, als er von mir abließ und Haltung einnahm, um Heins kommenden Aufschlag zu parieren. Es war ein Netzroller! Der Ball prallte an die Netzkante, für einen Augenblick schien es, als würde er dort hängen bleiben, doch dann setzte er stark verzögert seine Flugbahn fort und fiel circa einen Meter vor Erhard in den Sand. Im Gegensatz zu mir hatte Erhard alles gegeben und sein Gesicht hochmotiviert tief in das Quarzsand-Kaninchenscheiße-Gemisch eingegraben.

Auf der anderen Seite des Netzes wurde aus vollem Halse jubiliert, bei uns herrschte Ruhe. Henning und ich schwiegen, wenn auch innerlich lachend, um Erhards innere Bombe nicht zur Explosion zu bringen. Er spuckte Sand, hustete und kämpfte mit sich, als unser Spiel von einem Alarm unterbrochen wurde. »Gott sei Dank, ich werde erlöst!«, schrie er einem Stoßgebet ähnlich gen Himmel, bevor er sich an Dieter wandte, der den Funk besetzte und bis dahin dem Volleyballdrama als Publikum gedient hatte. »Wer muss los? Und wo geht es hin?«, fragte Erhard immer noch mit Sand zwischen den Zähnen.

»Zwei Mann müssen den Reserverettungswagen besetzen. In der Bertoldistraße ist ein Kind aus großer Höhe gestürzt!«, rief Dieter zu uns herüber. Erhard, der heute Zugführer vom Tage war, musste schnell eine Entscheidung treffen und deutete auf Hein und mich. »Ihr zwei zurück zur Wache. Meldet euch bei der Leitstelle, und ab jetzt, zack, zack!«, befahl er, während Hein und ich uns auch schon in Bewegung setzten. »Bertoldistraße ist eine Sackgasse, dritte links von der Alexanderstraße«, rief Dieter uns noch freundlicherweise hinterher, doch Hein hob, statt sich zu bedanken, nur den Arm und winkte ab, zum Zeichen, dass er Bescheid wusste und keine Ortskundehinweise brauchte.

Wir fuhren mit unserem Tanklöschfahrzeug, das wir heute eigentlich besetzten, eilig zurück zur Wache, sprangen mit noch sandigen Füßen in unsere Rettungsdienstkluft und sprachen die Leitstelle über Funk an. »Reserverettungswagen der Nordwache einsatzbereit, Einsatzstelle Bertoldistraße. Weitere Informationen bekannt?«, meldete Hein, während ich den Motor startete und bereits aus der Halle rollte. »Auf dem dortigen Spielplatz ist ein

Kind wohl aus großer Höhe gestürzt, die Anruferin sprach von stark blutenden Verletzungen. Ein bodengebundener Notarzt steht zurzeit nicht zur Verfügung, wir sind ausverkauft! Zu euch kommt der Rettungshubschrauber der Uniklinik, Eintreffen in circa fünfzehn Minuten!«, war die informationsgeladene Antwort des Disponenten.

Einsätze mit Kindern stellen zunächst immer eine emotionale Ausnahmesituation dar. Der Grad der Betroffenheit ist einfach höher, schließlich hat das Leben gerade erst begonnen und angesichts der Unschuld der Jugend erscheinen schwere Verletzungen besonders tragisch. Auch das eigentliche rettungsdienstliche Arbeiten ist schwieriger. Es gilt, anatomische Besonderheiten zu beachten, und wenn Kinder verletzt sind, tut es erst mal überall weh – vor allem am Bauch! Medizinisch relevante Informationen – Fehlanzeige! Das familiäre Umfeld stellt, falls vorhanden, aufgrund der emotionalen Beteiligung auch nur selten eine wirkliche Hilfe dar. Kurz gesagt: Einsätze mit Kindern bedeuten in der Regel maximalen Stress.

Nachdem wir in die Bertoldistraße eingebogen waren, erfuhren wir zunächst eine neue Definition von schwarzen Löchern. Nein ich schreibe nicht über die Materie verzehrenden Dinger im Weltall, ich meine Schlaglöcher in der Asphaltdecke, die nach dem letzten Winter ungefähr die Größe von Rinderhälften angenommen hatten. Die Stoßdämpfer unseres Rettungswagens waren an der Belastungsgrenze und wir wurden standesgemäß durchgeschüttelt, während wir uns einer Menschentraube näherten, die sich in einem Wendehammer am Ende der Sackgasse versammelt hatte. Links und rechts von uns türmten sich undefinierbare Schutthaufen, anscheinend sollte in der Bertoldistraße in naher Zukunft der Sperrmüll abgeholt werden, jedenfalls konnte man abgefahrene Winterreifen, Kinderbetten und altbackenes Mobiliar am Straßenrand finden.

»Am Ende der Straße ist der Kinderspielplatz, vielleicht ist unser kleiner Patient von der Rutsche abgeschmiert«, mutmaßte Hein, während ich per Außenlautsprecher die anwesenden Personen aufforderte, uns Platz zu machen. Dies war auch dringend nötig, denn ich übertreibe nicht, wenn ich sage, dass geschätzte 40 Männer, Frauen und Kinder mehr oder weniger panisch umherliefen und uns am Weiterfahren hinderten.

Meine Durchsage zeigte leider kaum Wirkung und so entschieden wir uns, den Rettungswagen zu verlassen und uns zu Fuß zu unserem Patienten vorzukämpfen. Hein und ich mussten schon dezent unsere Ellenbogen einsetzen, um voranzukommen, aber wir näherten uns stetig dem Spielplatz. Hein schob gerade eine jammernde Wuchtbrumme sanft zur Seite, während ich fast über einen alten Computermonitor stolperte, als mich eine völlig panische Frau am Arm packte. »Hilfe! Meine Tochter, meine Tochter, so helfen Sie uns doch. Hilfe!«, schrie sie aus Leibeskräften. Mein Blick fiel auf den Boden, wo ein circa achtjähriges schluchzendes Mädchen lag, das unter einer zerrissenen Jeans eine kleine Schnittwunde seitlich am Schienbein aufwies, aber ansonsten einen vollkommen unversehrten Eindruck machte. »Darum kümmern wir uns später! Wir müssen erst ein Kind versorgen, das hier irgendwo abgestürzt sein soll, wir kümmern uns später um Ihre Tochter, wir sind gleich bei Ihnen!«, erklärte ich mit freundlicher Eile, bevor ich ihren Griff löste und weiter Richtung Spielplatz rannte. Die echauffierte Dame fasste noch einmal nach, verfehlte aber meinen Arm, und so setzte ich meinen Weg zunächst ungehindert fort.

In der Ferne hörte ich bereits den Hubschrauber kreisen, als Hein und ich wenige Augenblicke später den Spielplatz erreichten, aber zu unserer Ernüchterung feststellten, dass der Spielplatz verwaist war. Schaukel, Wippe und Sandkasten waren leer, keine spielenden Kinder, keine Mütter mit Kinderwagen, keine Väter, die sich mit den Erzählungen über die infantilen Heldentaten ihrer Söhne überboten, und auch kein Patient. Stattdessen lief ein hektischer Mittvierziger mit einem offenen Verbandskasten über die grüne Wiese der Anlage, wobei er die Hälfte des Inhalts unterwegs verlor. Er lief in die Richtung, aus der wir gekommen waren, und während sich Mullbinden auf dem Spielplatz verteilten, beschlich mich der unheimliche Verdacht, dass ich unsere kleine Patientin bereits flüchtig kennengelernt hatte.

»Hein! Ich denke, wir müssen zurück. Ich bin eben an einem kleinen Mädchen vorbeigelaufen, die augenscheinlich eine Bagatellverletzung hatte, ich habe mich nicht weiter drum gekümmert, aber mittlerweile denke ich, dass die Kleine der Grund für unser Erscheinen ist. Ich weiß zwar nicht, warum deshalb hier so ein Auflauf stattfindet, aber wir sollten noch mal nachschauen«, bemerkte ich nachdenklich. »Wenn du meinst. Hier ist jedenfalls niemand, der unsere Hilfe braucht!«, antwortete Hein und wir machten uns eilig auf den Rückweg.

Nach nicht mal einer Minute waren wir wieder im mit Sperrmüll und Menschen gefüllten Wendehammer der Bertoldistraße angekommen und versuchten, das Mädchen von eben wiederzufinden. Die Suche gestaltete sich nicht besonders schwierig, zwar waren eigentlich überall Menschen, aber an einem Punkt konzentrierte sich eine Schar besonders aufgebrachter Mitbürger. »Da muss es sein!«, rief ich an Hein gewandt und deutete auf das augenscheinlich hilfsbereite Grüppchen. Wir traten heran, und tatsächlich. Das Mädchen von eben lag noch immer mit der Schnittwunde am Boden und wurde von ungefähr 20 Händen bearbeitet. Aus dem Augenwinkel sah ich zwei Streifenwagen in die Bertoldistraße einbiegen, und auch der Hubschrauber wurde zunehmend lauter. Ich dachte noch über Fluch oder Segen der Verstärkung nach, als Hein ein gebrülltes Machtwort sprach. »Jetzt mal Ruhe hier! Und Platz bitte!«, schallte es aus ihm heraus. »Ja, ja, eben noch vorbeigelaufen und jetzt auf wichtig machen!«, tönte es unerkannt aus der Menge, was wir geflissentlich ignorierten, während wir uns dem kleinen Mädchen am Boden zuwandten.

»Was ist denn passiert?«, fragte ich freundlich an das Mädchen gerichtet, das mit verheulten Kulleraugen mühsam gegen noch mehr Tränen ankämpfte. Leider hatte das Kind keine Gelegenheit zu antworten, stattdessen prasselten Kommentare der Umstehenden auf mich ein.

»Runtergefallen, runtergefallen!«, stammelte jemand. »Die Kleine ist von da oben abgestürzt!«, meinte ein anderer und zeigte auf den Balkon einer Wohnung im fünften Stock. »Schrecklich, so ein Unglück!«, jammerte der Nächste. Für einen Sturz aus einer solchen Höhe sah unsere kleine Patientin wirklich sehr gut aus, mit einer kleinen Schnittwunde bzw. besseren Schramme schien sie gut davongekommen zu sein. Aber so ist das Leben – manche brechen sich an einem verstolperten Bordstein das Genick, andere fallen quasi vom Himmel, werden dabei aber von einer Horde Schutzengel auf Betriebsausflug begleitet.

»Wie heißt du?«, fragte ich mit einfühlsamer Stimme das Mädchen, während ich Arme und Beine bereits sanft nach möglichen Knochenbrüchen abtastete. »Marion«, war die geschluchzte knappe Antwort. »Erzähl mal. Was ist denn eigentlich passiert?«, fragte ich in gleicher Tonlage weiter, doch bevor die kleine Marion antworten konnte, mischte sich die Mutter, die die ganze Zeit leicht hyperventilierend neben ihrer Tochter kniete, wieder ins Geschehen ein. »Wie können Sie solche Fragen stellen? Sie sehen doch, die Kleine steht unter Schock! Sie hat jede Menge Blut verloren! Sagen Sie mir lieber, ob sie das Bein behält!«, schrie sie empört bis betroffen. Hein schaute mit skeptischem Blick und zusammengekniffenen Augen zwischen mir und der Mutter hin und her, ich ließ mich nicht irritieren und fragte die kleine Marion erneut: »Was ist passiert? Bist du irgendwo runtergefallen?«

Marion nickte verlegen. »Sie ist tatsächlich abgestürzt!«, schrie eine junge Frau, die Marions Mutter sehr ähnlich sah, lauthals in die Menge, woraufhin es in der Menge wieder brodelte und ein anderes Mädchen in ohrenbetäubendes Kreischen ausbrach.

»Wie können Sie solche Fragen stellen? Sie sehen doch, die Kleine steht unter Schock! Sie hat jede Menge Blut verloren! Sagen Sie mir lieber, ob sie das Bein behält!«, schrie sie empört bis betroffen.

»Meine Schwester muss sterben! Meine Schwester muss sterben!«, schrie das Mädchen immer wieder herzzerreißend. »Hier wird heute nicht gestorben, sind denn hier alle völlig bescheuert?«, schnauzte Hein in die Menge. »Sie da, neben dem Kind, wer sind Sie?«, fragte Hein eindringlich. »Ich bin die Tante von den beiden, die zwei sind Schwestern, Marion und Brigitte«, antwortete die Frau verschüchtert. »Na um Gottes willen, dann beruhigen Sie die kleine Brigitte mal. Die kleine Marion hat augenscheinlich nur eine Schramme, den Rest versuchen wir zu klären – wenn man uns denn lässt!«, fuhr Hein mit bestimmender Stimme fest.

»Wo bist du denn runtergefallen?«, fragte ich unser gefallenes Engelchen etwas konkreter. Marion antwortete nicht, sondern schaute verschämt auf den Boden und deutete mit ihrem Ärmchen auf einen etwa zwei Meter entfernten Sperrmüllhaufen mit einer geschätzten Höhe von 60 bis 70 Zentimetern.

»Ich schick den Hubschrauber mal nach Hause, bevor er landet! Und die Polizei brauchen wir hier wohl auch nicht«, meinte Hein fast gelangweilt, aber auch erleichtert, und trottete Richtung Rettungswagen, um die Einsatzmittel über Funk abzubestellen. Hein hatte recht. Familie, Nachbarn, Rettungsdienst samt Rettungshubschrauber, Polizei – hier wurde wirklich mit Kanonen auf Spatzen geschossen. In der Menschenmenge sprach sich langsam herum, dass die Lage wohl doch harmloser war, als zunächst angenommen, und fast war so etwas wie allgemeine Enttäuschung spürbar. Auf jeden Fall löste sich der anfängliche Tumult schnell in Wohlgefallen auf, der Mensch hat es nun mal gerne spektakulär, da wird eine bessere Schramme schnell uninteressant.

Bei der kleinen Marion, die mittlerweile sehr tapfer war, war ich nach abschließender Untersuchung nicht ganz sicher, ob neben der kleinen Schnittwunde am linken Bein nicht doch auch noch das rechte Bein gebrochen war. Jedenfalls klagte sie über Aua am Bein, und so brachten wir sie mitsamt Mama und Schwester zur Röntgenkontrolle ins nächste Krankenhaus. Die beiden waren mittlerweile auch ein wenig ruhiger und betrachteten die Gesamtsituation im Nachhinein ebenfalls als etwas aus dem Ruder gelaufen.

Nach erfolgter Übergabe an das Krankenhauspersonal machten wir uns auf den Weg zurück zur Wache. »In jedem Notfallplan steht immer ganz oben: Ruhe bewahren! Warum liest die Dinger eigentlich kein Mensch?«, fragte ich Hein. Er antwortete wie immer auf seine Weise: »Keine Ahnung. Ich hab ganz andere Probleme. Der Sand in meinen Socken macht mich schon die ganze Zeit wahnsinnig!«

15. Notfall

In the Heat of the Night — zweiter Teil

Auch die Brandschutzabteilung wird nicht von kuriosen Sommernächten verschont

*Niemand kann den Morgen erreichen,
ohne den Weg der Nacht zu durchschreiten.*
Khalil Gibran

Die Alarmierung um 22:30 Uhr klang dramatisch, aber ein Leitstellendisponent kann schließlich auch nur auf das reagieren, was ihm am Telefon berichtet wird. »Kommen Sie schnell! Es brennt, es brennt! Herzogstraße 2! Kommen Sie schnell!«, hatte ein Anrufer völlig außer sich in den Hörer gebrüllt und dann, ohne Rückfragen abzuwarten, aufgelegt. Harald, der heute Nacht die Notrufannahme besetzte, blieb keine Wahl – er musste, ohne nähere Informationen zu besitzen, die zuständigen Kräfte alarmieren. »Alarm für den Löschzug der Nordwache, Feuer in der Herzogstraße 2, Lage unklar!«, tönte es zweimal aus dem Lautsprecher, bevor es auf der Wache unruhig wurde.

Hein und ich genossen in diesem Moment gerade gemeinsam eine Tafel Schokolade und unser eigentlicher Plan hatte vorgesehen, nach dem Betthupferl die Nachtruhe einzuläuten, doch jetzt saßen wir im Mannschaftsraum unseres Löschfahrzeugs und legten persönliche Schutzausrüstung und Atemschutzgeräte an. Die Anfahrt würde höchstens eine Minute in Anspruch nehmen, also beeilten wir uns mit dem Ausrüsten, um in der Herzogstraße keine weitere Zeit zu verlieren.

Peter, unser Zugführer vom Tage, sprang, nachdem wir zum Stehen gekommen waren, aus dem Fahrzeug und eilte Richtung Hauseingang. Dort erwartete ihn auch schon ein aufgeregter Bewohner in Boxershorts und Badeschlappen und gemeinsam mit diesem verschwand er zur Erkundung im Treppenhaus. Der Rest der Truppe bereitete routiniert einen Löschangriff vor, auch wenn von außen zunächst nichts Verdächtiges festzustellen war.

Schläuche wurden verlegt, eine Wasserversorgung zum nächstgelegenen Hydranten wurde aufgebaut und eine Drehleiter betriebsbereit gemacht. Hein und ich bildeten derweil einen Angriffstrupp und standen am Hauseingang bereit, um Peters Befehle entgegenzunehmen.

Die Handfunkgeräte blieben stumm, was für den Fall, dass es wirklich brennen sollte, eher ungewöhnlich war. »Wäre wirklich der Ernstfall eingetreten, hätte Peter schon längst über Funk weitere Befehle gegeben. Das gibt hier nix, falscher Alarm, jede Wette«, orakelte Hein, während uns in der dicken Einsatzkleidung der Schweiß schon ohne besondere Anstrengung die Stiefel füllte. »Abwarten«, war meine knappe, durch die Atemschutzmaske gedämpfte Antwort. Es vergingen noch weitere fünf bis sechs Minuten, bis Peter mit dem Bewohner im Schlepptau wieder im Treppenhaus auftauchte. »Ihr könnt alles wieder einpacken!«, rief Peter in die Runde und vertiefte sich in ein Gespräch mit dem Hausbewohner. Hein und ich legten unsere Ausrüstung ab, standen aber nahe genug, um dem Gespräch zu lauschen.

»Nein. Sie brauchen sich keine Sorgen zu machen!«, beruhigte Peter den offensichtlich unsicheren Herrn, der sich inzwischen ein T-Shirt und Jeans angezogen hatte. »Ja aber …«, brachte er insistierend hervor. »Nix aber! Sie brauchen sich keine Sorgen zu machen! Wir haben doch gerade gemeinsam Ihre Wohnung und das Treppenhaus kontrolliert. Bei Ihnen brennt es nicht. Ihr Rauchmelder in der Diele piept nur circa jede Minute einmal kurz. Das ist ein Zeichen, dass seine Batterie bald leer sein wird. Aber es ist kein Feueralarm – verstehen Sie?«, erklärte Peter leicht gereizt, da er diesen Text in den vergangenen zehn Minuten anscheinend schon öfter wiederholt hatte. Irgendwann, nach einer gefühlten Ewigkeit und weiteren technischen Erklärungen, schenkte der Hausbewohner Peter endlich Glauben und der Löschzug konnte die Rückfahrt zur Wache antreten.»Heimrauchmelder sind eine super Sache, sie retten wirklich Menschenleben, aber zumindest ängstliche Menschen sollten sich einmal die Bedienungsanleitung durchlesen!«, murmelte Peter kopfschüttelnd, als er sich auf den Beifahrersitz setzte.

Hein und ich besitzen anscheinend den gleichen Biorhythmus, jedenfalls besuchten wir zeitgleich die Toilette unserer Wache, als um 23:40 Uhr der nächste Alarm ertönte.»Super! Bei der letzten Sitzung des Tages gestört werden!«, fluchte Hein, während die eilige Benutzung des Toilettenpapiers mir alle Konzentration abverlangte.»Einsatz für das Löschfahrzeug der Nordwache, es brennt eine Gartenlaube in der Kleingartenanlage Lebensbaum. Bitte beachten: Parallel läuft dort gerade ein Rettungsdiensteinsatz mit mehreren Verletzten!«, schallte es noch durch die Fahrzeughalle, als Hein und ich als Letzte ins Fahrzeug sprangen. Hein ist ein großer Freund davon, vor Erreichen der Einsatzstelle vorherzusagen, was für ein Szenario uns erwarten wird, und so prophezeite er diesmal einen Grillunfall aufgrund unsachgemäßer Nutzung von Brandbeschleunigern, mit drei Verletzten und einer Gartenlaube im Vollbrand.

Als wir in den Schotterweg, der zum Tor der Kleingartenanlage führte, einbogen, war für eine gute Nase bereits leichter Brandrauch wahrnehmbar. Was aber selbst ein trübes Auge erblickt hätte, war ein Meer aus wild flackernden Blaulichtern. Schon auf der Zufahrt standen drei Streifenwagen, etwas weiter parkten ein Notarzt und zwei Rettungswagen und auf dem eigentlichen Parkplatz hatten nochmals zwei Streifenwagen und zwei Rettungswagen einen Stellplatz gefunden.

»Ich glaube, wir kommen als Letzte zur Party«, meinte Peter trocken, als im selben Augenblick die Beifahrertür des noch fahrenden Löschfahrzeugs aufgerissen wurde und Peter von zwei Typen mit den hysterisch geschrienen Worten »Du hilfst uns jetzt! Unser Bruder stirbt!« aus dem Führerhaus gerissen wurde. Peter war im Dunkel der Nacht verschwunden, Hans, unser Fahrer, bremste abrupt und Hein und ich sprangen aus dem Mannschaftsraum, um Peter zu Hilfe zu eilen. Zunächst war Peter nicht zu sehen, auch von den Heerscharen an Polizisten, Rettungssanitätern und Verletzten, die ja irgendwo sein mussten, fehlte jede Spur. Wir folgten daher unserem Gehör. Aus einer Richtung, die wir nur ahnten, drang leises Prasseln, unterbrochen durch gelegentliche Schreie, zu uns. »Da lang!«, rief Hein, um Peter besorgt, und schlug sich durch mannshohe Hecken und Jägerzäune. Mit zwei Meter Abstand folgte ich und wäre Hein beinahe in den Rücken gelaufen, als ich noch rechtzeitig bremsen konnte und dann mit ihm gemeinsam auf das Schlachtfeld blickte, das sich uns darbot.

Zunächst zog die brennende Laube die gesamte Aufmerksamkeit auf sich. Flammen schlugen aus den Fenstern und es war nur eine Frage der Zeit, bis die Holzkonstruktion in sich zusammenbrechen würde. Große Gefahr ging nicht von dem kleinbürgerlichen Scheiterhaufen aus, die Laube grenzte nicht an andere Gebäude und eine Freifläche verhinderte das Übergreifen der Flammen auf Bäume, Hecken und Sträucher.

Für den Rest der Szenerie benötigten wir mehr als einen Moment, um zu begreifen und zu verstehen. Ein Auflauf aus geschätzten 60 Menschen war zu sehen. Zusammengefasst kann man sagen: Circa 20 Polizisten versuchten, zum Teil in wilde Schlägereien verwickelt, für Ordnung zu sorgen, während ungefähr zehn Rettungsassistenten und Rettungssanitäter, etwas abseits, die bisher Verletzten versorgten. »Da drüben ist Peter!«, rief Hein und stürmte heroisch los. Einen Augenblick später erblickte ich unseren Zugführer ebenfalls und rannte Hein hinterher. Peter brauchte anscheinend dringend Hilfe, denn er wurde permanent von zwei Kerlen bedrängt und attackiert, während er sich bemühte, einen offensichtlich bewusstlos am Boden liegenden Patienten zu versorgen.

Circa 20 Polizisten versuchten, zum Teil in wilde Schlägereien verwickelt, für Ordnung zu sorgen, während ungefähr zehn Rettungsassistenten und Rettungssanitäter, etwas abseits, die bisher Verletzten versorgten.

Hein war noch ungefähr acht bis zehn Meter entfernt und wohl im Begriff, massiv körperlich einzugreifen, sobald er Peter erreichte, als ihm vier Polizisten zuvorkamen. Etwas Grünes mit Helm flog vorbei und warf einen der Typen zu Boden. Weitere Polizisten trafen ein und jeweils zu zweit überwältigten die Beamten nun die Kerle, die zuvor Peter entführt hatten. Hein und ich kümmerten uns um Peter und den am Boden liegenden Patienten. »Alles in Ordnung?«, fragte ich unsicher. Peter stand auf und schüttelte sich. »Wahnsinnige! Vollkommen Wahnsinnige!«, wiederholte er immer wieder entrüstet. Einen Arm um seine Schultern gelegt, kümmerte ich mich um Peter und versuchte, ihn zu beruhigen, während Hein den am Boden Liegenden näher untersuchte. Eine fette Beule am Hinterkopf war die einzige Verletzung, die er finden konnte, Puls und Atmung waren in Ordnung, auch die Pupillen zeigten keine Auffälligkeiten, dennoch blieb der Patient bewusstlos. Von Gehirnerschütterung bis Hirnblutung reichen die Möglichkeiten der Bewusstlosigkeit und daher tat ein schneller Transport in eine geeignete Klinik not. Zwei Kollegen, die sich bisher um die Versorgung einer kleinen Schnittwunde bei einem anderen Schläger gekümmert hatten, übernahmen unseren Patienten und brachten ihn in Begleitung eines Notarztes ins Krankenhaus.

Ein Rundumblick verriet, dass die Polizei endgültig die Oberhand gewonnen und die meisten Unruhestifter in Gewahrsam genommen hatte. Bei einigen Anwesenden wurden noch leichte Verletzungen versorgt, als Hein sich fragend an einen Polizisten wandte: »Herr im Himmel! Was war denn hier los? Was soll der Scheiß? Warum hauen sich hier alle auf die Fresse?« Die Antwort erklärte zwar die Situation, hinterließ aber dennoch ungläubige Gesichter. »Tja, nach dem, was wir bisher wissen, handelte es sich hierbei um die Jahreshauptversammlung des Kleingärtnervereins ›Lebensbaum‹. Beim vierten und letzten Tagesordnungspunkt, Diskussion um den Jahresbeitrag, ist die Sache wohl eskaliert. Der

Beitrag sollte wohl im nächsten Jahr von 27,50 Euro auf 29,50 Euro pro Jahr erhöht werden. Daraufhin wurde zunächst lauthals diskutiert. Unsere erste Alarmierung galt einer Ruhestörung, dann wurde es handgreiflich und im Rahmen der allgemeinen Schlägerei haben dann ein paar besonders motivierte Vollidioten noch die Vereinslaube angezündet«, erklärte der Beamte mit vielsagender Miene, während er versuchte, seine Uniform zu ordnen.

Da stand das radikalisierte Kleingärtnertum mit blutigen Nasen und blauen Augen und wartete darauf, aufs Polizeirevier gebracht zu werden. Wir blickten immer noch ungläubig auf gewalttätige Gartenzwergfreunde und brandstiftende Vereinsmeier, als Peter uns an unsere eigentliche Aufgabe erinnerte: »Von der Vereinslaube ist ja nicht mehr viel übrig. Das Feuer dürfte gleich mangels Masse ausgehen. Dennoch gehen wir hier kein Risiko ein. Ich will eine Schlauchleitung sehen und dann werden die Glutnester im Brandschutt abgelöscht! Ich erledige in der Zeit den Schreibkram«, gab er Anweisung und schnorrte sich bei einem Polizisten einen Kugelschreiber. »Von wegen Grillunfall!«, meinte Peter süffisant an Hein gewandt, bevor wir 15 Minuten später die Heimfahrt antraten.

Es war 01:30 Uhr, als ich mich nach einer lauwarmen Dusche ins Bett gelegt hatte und wenig später in den verdienten Tiefschlaf fiel. Als um 02:45 Uhr der Alarmgong ertönte und zeitgleich das Licht in meinem Zimmer aufblitzte, brauchte ich eine Sekunde, um mich zu erinnern, auf welchem Fahrzeug ich eingeteilt war. Löschfahrzeug? Drehleiter? Tanklöschfahrzeug? Löschfahrzeug! Meine Gedanken sortierten sich, unterstützt von ausgeschüttetem Adrenalin, und ich realisierte, dass ich schleunigst aufstehen musste, als ich einem neuen Problem gegenüberstand. Mein rechter Arm war halb taub!

Die Schlafposition, die mein Unterbewusstsein gewählt hatte, war wohl nicht ideal, jedenfalls musste ich wohl unglücklich gelegen haben, denn mein rechter Arm schlief noch, und wenn ich versuchte, ihn zu bewegen, verspürte ich zwar ein interessantes Kribbeln, doch das half mir weder beim Anziehen der Socken noch beim Öffnen der Zimmertür. Mit schlabbrig sitzenden Socken erreichte ich die Fahrzeughalle, schlüpfte in meine Stiefel und erfreute mich an der langsam wiederkehrenden Kraft in meiner rechten oberen Extremität. Als die Hose saß, sprang ich in den Mannschaftsraum des Löschfahrzeugs und fragte Hein erst mal: »Wo müssen wir hin und was ist überhaupt los?« – »Da war aber einer ganz weit weg ... Da hat das Sandmännchen es wohl etwas zu gut gemeint, was?«, frotzelte Hein lachend. »Im Ernst! Wo? Und was?«, wiederholte ich kurzgefasst meine Frage und bekam diesmal sogar die gewünschte Information. »Unklare Rauchentwicklung, Krautgasse 8, im ersten Stock«, antwortete Hein, während er sich weiter ausrüstete.

An der Einsatzstelle angekommen, wiederholten sich schon bekannte Arbeitsabläufe, Hein und ich bildeten einen Angriffstrupp, Peter erkundete die Lage und der Rest baute einen Löschangriff auf. Von außen betrachtet, gab es bei der Hausnummer 8 keine Auffälligkeiten, weder schlugen Flammen aus dem Haus, noch konnte man eine Rauchentwicklung erkennen, lediglich für ganz feine Nasen war vielleicht, eventuell, unter Umständen, der Hauch von Brandgeruch wahrnehmbar. Es verging nur kurze Zeit, bis Peter sich per Handfunkgerät meldete. »Ich bin jetzt im ersten Stock, hier riecht es etwas stärker, so als hätte Mutti vor zwei Stunden den Braten im Ofen vergessen. Ich mach mich mal beliebt und klingle bei den Leuten, die auf der Etage wohnen, ich melde mich gleich wieder«, krächzte es aus dem Lautsprecher.

Hein und ich warteten derweil auf dem Bürgersteig und schauten belustigt Christoph, unserem Fahrer, zu, der verzweifelt versuchte, einen freilaufenden Dalmatiner daran zu hindern, eine Schlauchleitung zu fressen. »Balu, kommst du hier! Balu!«, rief wenige Augenblicke später ein hübsches blondes Frauchen, die im Bademantel aus ihrem Vorgarten eilte. Christoph versuchte nun gemeinsam mit der Blondine, unsere Wasserversorgung zu retten, als Peter sich erneut über Funk meldete.

»Angriffstrupp zu mir, und bringt das Kleinlöschgerät mit! Christoph soll den Lüfter in Stellung bringen!«, gab unser Zugführer Anweisung. Dem geneigten Laien sei erklärt, ein Kleinlöschgerät ist ein mehr oder weniger wiederbefüllbarer Feuerlöscher, der Wasser abgibt, und ein Lüfter ist ein überdimensionaler Ventilator, der zum Belüften von ganzen Gebäuden geeignet ist. Hein ging voraus und ich trottete mit dem Löschgerät bepackt brav hinterher. Im Treppenraum war jetzt deutlich Brandgeruch wahrnehmbar, sogar leichte Rauchschwaden zogen durch die Luft. In der betroffenen Wohnung angekommen, intensivierte sich der Geruch nochmals, und ich hatte das Gefühl, dass es ein wenig nach verbranntem Fleisch roch.

Irgendwo in der Wohnung hörten wir Peter lauthals diskutieren und folgten dem Gesprächslärm, bis wir ein Zimmer mit angrenzendem Balkon betraten. Ein junger Mann im Jogginganzug versuchte, sich, sprachlich leicht verlangsamt, zu rechtfertigen: »Ich wusste doch nicht ... meine Kumpels haben den Grill draußen nicht ans Brennen gebracht. Da hab ich erst mal ein Bier getrunken! Dann sind meine Kumpels mit dem Grill reingekommen. Erst war der Rauch ja nur unter der Decke! Als die Brandflecke auf dem Tisch waren, hab ich erst mal noch ein Bier getrunken. Und als der Rauch überall war, sind meine Kumpels abgehauen ...« – »Und dann haben Sie wahrscheinlich noch ein Bier getrunken!«, unterbrach Peter, der sich nun an uns wandte. »So, Hein, hier hast du deinen Grillunfall! Der Herr hier hat sich gerade mit zwei Einweggrills fast selbst umgebracht. Ich hab die Aluschalen schon mal auf den Balkon gebracht, aber die Dinger sind noch glühend heiß, einmal Wasser drüber und dann sind wir wieder weg!«, wies Peter uns an, bevor er sich wieder dem Wohnungsinhaber zuwandte. »Wenn wir hier fertig sind, belüften wir noch Ihre Wohnung, anschließend bringt Sie ein Rettungswagen ins nächste Krankenhaus, bei Ihnen muss eine Rauchgasvergiftung ausgeschlossen werden. Abschließend verrate ich Ihnen noch ein Geheimnis. Mit Einweggrills oder auch mit jedem anderen Kohlengrill grillt man nicht in der Wohnung, dabei entsteht nämlich mächtig viel Kohlenmonoxid und das verträgt der menschliche Organismus gar nicht gut! Sie haben noch einmal Glück gehabt! Wenn Sie verstehen, was ich meine«, klärte Peter unseren Grillmeister eindringlich auf, bevor er über Funk einen Rettungswagen nachalarmierte.

20 Minuten später, nach Lüftungsmaßnahmen und Übergabe des jungen Mannes an den Rettungsdienst, waren wir gerade auf der Rückfahrt zur Wache, als uns gegen 03:53 Uhr die nächste Alarmierung ereilte.

»Einmal Unterstützung für die Polizei, Oberschnäpser Feld 7. Kleinfeuer in einem Garten!«, beschrieb der Leitstellendisponent knapp die zur Verfügung stehenden Einsatzhintergründe, als Christoph unser Löschfahrzeug auch schon wendete und unsere Fahrt mit Blaulicht in die entgegengesetzte Himmelsrichtung fortsetzte. 04:00 Uhr verriet die Digitaluhr im Display des Armaturenbrettes den Fortschritt der Nacht und ich überlegte, wer wohl um diese Uhrzeit auf die Idee kam, in seinem Garten Feuer zu machen, als wir ins Oberschnäpser Feld einbogen.

Das erst kürzlich fertiggestellte Wohngebiet hatte die Form einer liegenden Acht, und da keiner wusste, wo die Hausnummer 7 zu finden war, folgte Christoph suchend dem Straßenverlauf. Hein und ich schauten aus dem Fenster und blickten auf vorüberziehende Einfamilienhäuser, die zum großen Teil, mehr oder weniger geschmackvoll, aus Glas und Stahl gebaut waren. Hinter den Häusern lagen Gärten, die zwar genug Platz für eine kleine Terrasse, eine Grillecke und einen kleinen Pool boten, aber nicht groß genug waren, um Hunden oder Kindern ausreichend Auslauf zu bieten. »Da vorn muss es sein!«, sagte Peter und deutete auf einen geparkten Streifenwagen und eine circa 20-köpfige

Nachbarsmeute. Als wir anhielten und ausstiegen, roch es sofort nach Feuer, und obwohl es Juli war, schneite es! Zumindest hatte man optisch den Eindruck. In der Luft bewegten sich, langsam absinkend, kleine Aschepartikel, die sich wie ein feiner weiß-grauer Schleier auf die Welt legten. Uns gegenüber standen mittlerweile die zum Streifenwagen gehörigen Beamten, die versuchten, uns die Sachlage zu erklären, während der schlecht gelaunte Nachbarsmob die Schilderungen übertönte. »Rücksichtsloser Schweinehund! Die Sau putzt mein Auto! Wenn Sie den Typ nicht rausholen, dann mach ich es! Sonst macht der Kerl immer auf Öko!«, und ähnliche Tiraden schallten uns vielstimmig entgegen.

»Ruhe jetzt hier verdammt noch mal! Sonst hagelt es Platzverweise!«, brüllte einer der Polizisten der aufgebrachten Nachbarschaft entgegen, woraufhin der Geräuschpegel langsam sank und er mit seinen Erläuterungen an uns gewandt fortfuhr. »Bei den Gutenbergs gab es heute Abend wohl eine Gartenparty für erlesene Freunde des Hauses. Man braucht es eigentlich nicht zu erwähnen, aber die Nachbarn waren wohl nicht eingeladen. Vor einer Stunde waren wir schon mal hier, da ging es um Ruhestörung. War eigentlich kein Problem, der Gastgeber zeigte sich durchaus einsichtig. Nach unserem Besuch hat sich die Feier wohl langsam aufgelöst, aber nun verbrennt Herr Gutenberg die Sitzgelegenheiten«, führte der Polizist aus, blickte dabei aber in fragende Feuerwehraugen. »Er verbrennt seine Gartenstühle?«, brachte Hein verdutzt hervor. »Nein, Strohballen. Er verbrennt Strohballen. Das Ganze lief wohl unter dem Partymotto ›Der Bauer und das liebe Vieh‹. Die Gäste waren entsprechend kostümiert, Tische, Bänke und Bar waren aus Strohballen gebaut und ebendiese verbrennt Herr Gutenberg gerade, sehr zum Leidwesen der Nachbarschaft«, präzisierte der Beamte mit einem süffisanten Lächeln, während weiter kleine Ascheflocken auf uns und die gesamte Umgebung herabregneten.

»Wegen mir zünden wir auch noch sein Haus an!«, rief einer der Nachbarn und erntete böse Blicke der Polizisten. »Und ihn gleich mit!«, setzte ein anderer Nachbar noch obendrauf. »Sie sehen schon, die Stimmung ist etwas aufgeheizt«, ergänzte der Beamte mit einem Wortspiel.

»Und wo sehen Sie jetzt durch unsere Anwesenheit eine Möglichkeit, die Dinge zum Guten zu wenden? Der Herr scheint nicht kooperativ, ansonsten hätten Sie ihn wohl schon gebeten, das Strohfeuer selbst zu löschen – oder?«, erkundigte sich Peter.

»Sie haben völlig recht. Herr Gutenberg ist in der Tat nicht bereit, das Feuer selbst zu löschen, er lässt uns nicht mal mehr ins Haus. Wir wollen diese ganze Suppe aber auch nicht heißer essen, als sie gekocht wurde. Verstehen Sie? Es sind nur ein paar verdammte Strohballen! Wenn es morgen regnet und alle Autos wieder sauber sind, dann sind der Herr Gutenberg und die Nachbarschaft plötzlich wieder die besten Freunde. Hinter dem Haus verläuft ein Wirtschaftsweg. Wir dachten, Sie und Ihre Kollegen könnten von dort aus das Feuer löschen. Herr Gutenberg ist sauer, aber hier herrscht wieder Ruhe, fast alle sind zufrieden, und morgen ist ein neuer Tag«, beschrieb der Polizist seinen Lösungsansatz.

Peter dachte einen Augenblick nach, wog das Für und Wider des Plans ab und nickte schließlich zustimmend. Christoph wurde angewiesen, das Fahrzeug in Position zu bringen, und Hein freute sich wie ein Kleinkind, durfte er doch in wenigen Minuten den ozeanischen Löscheffekt vorführen. Als das Löschfahrzeug schließlich entlang einer Hecke geparkt war, kletterte Peter aufs Dach, um die Lage im Garten zu sondieren.

Da stand er nun auf seinem fahrbaren Feldherrenhügel und blickte in das flammende Inferno. Herr Gutenberg hatte einen beachtlichen Scheiterhaufen aus Stroh gebastelt, auf den er immer wieder kleine Portionen Stroh nachlegte und das Ganze von Zeit zu Zeit mit flüssigem Brandbeschleuniger zusätzlich anheizte.

»Herr Gutenberg! Ihre letzte Chance, das Feuer selbst zu löschen! Dann tun wir alle so, als wäre nichts gewesen, und fahren wieder nach Hause!«, machte Peter ein letztes faires Angebot. Herr Gutenberg hatte Peter bislang nicht wahrgenommen und suchte zunächst verwirrt nach dem Ursprung der Stimme, die da zu ihm sprach. Er brauchte, behindert durch den beißenden Rauch, einen Moment, bis er Peter entdeckte. Seine Antwort ließ jedoch keine Zweifel daran, dass er Peters Angebot negativ gegenüberstand. »Ihr Schweine löscht mein Feuer nicht – jawohl, ich habe Feuer gemacht!«, brüllte er, schlug sich dabei mehrmals theatralisch mit der Faust auf die Brust und warf mit in Alufolie gegrillten Kartoffeln nach Peter.

»Der Kerl ist auch noch voll wie tausend Russen, der ist ja gefährlich!«, empörte sich Peter, der auf dem Fahrzeugdach immer noch fliegenden Kartoffeln ausweichen musste. »Los, Hein, rauf da! Und dann Wasser marsch! Mach auch die Strohballen nass, die noch nicht brennen. Wenn du fertig bist, erwarte ich, dass der Kerl sein Stroh nicht mal mehr mit einem Schweißbrenner zum Brennen kriegt. Aber pass auf – der Kerl wirft mit Kartoffeln!«, ereiferte sich Peter, während er über eine kleine Leiter das Fahrzeugdach verließ.

Hein ließ sich das nicht zweimal sagen. Er war in Lichtgeschwindigkeit auf das Dach des Löschfahrzeugs geklettert und nahm von mir begeistert Schlauch und Strahlrohr entgegen, um sein nasses Werk zu beginnen. Zwei oder drei Kartoffeln musste Hein noch ausweichen, bevor Herrn Gutenberg mangels Munition die werferische Puste ausging, aber kampflos wollte er sein Feuer auch nicht aufgeben. Er stellte sich schützend vor den lodernden Strohhaufen und brüllte immer wieder: »Ihr Schweine löscht mein Feuer nicht!« Hein wollte unserem Brandstifter einen harten Wasserstrahl ersparen und verlegte sich darauf, das Wasser zwar mit weniger Druck, aber dafür in hohem Bogen auf den Brandherd plätschern zu lassen. Herr Gutenberg tanzte wie ein Derwisch um sein Feuer herum, bemüht, es vor dem Nass von oben zu bewahren, musste sich aber nach circa einer Minute unter dem lautstarken Johlen der Nachbarschaft klitschnass geschlagen geben. Hein ließ sich derweil nicht lumpen. Er verteilte den gesamten Inhalt unseres Löschwassertanks, immerhin 1600 Liter, in Gutenbergs Garten und machte dabei einen überaus befriedigten Eindruck.

»Habt ihr Penner schön meine Blumen gegossen? Ja! Jetzt zufrieden? Ihr könnt mich alle mal!«, schrie Herr Gutenberg zum Abschied, bevor er nass wie ein begossener Pudel im Haus verschwand und die Terrassentür hinter sich zuwarf. Peter klärte mit der Polizei noch Details für den Einsatzbericht, Hein wurde von der Nachbarschaft wie Red Adair gefeiert und der Rest der Truppe räumte unser Material wieder in die dafür vorgesehenen Gerätefächer.

»Ist heute eigentlich Vollmond?«, fragte Peter, als er ins Löschfahrzeug einstieg, und wir erneut den Versuch wagten, zwecks Nachtruhe die Wache zu erreichen. Um 04:55 Uhr lag ich wieder im Bett. In gut zwei Stunden würde die Ablösung zum Dienstbeginn erscheinen, eingeschlafen bin ich nicht mehr. Nach einer halben Stunde angestrengter Drehbewegungen um die Längsachse stand ich auf, kochte Kaffee und begrüßte das Morgenrot.

16. Notfall

Psychose

Die Akutbehandlung mancher Störung braucht hin und wieder Fantasie

Die Enge des Bewusstseins ist eine soziale Forderung.
Franz Kafka

Es war ein lauer Herbstabend. Hein und ich hatten keine Lust, sofort zur Wache zurückzufahren, sondern hatten entschieden, noch ein wenig dem geschäftigen Treiben unserer Mitbürger in der Innenstadt zuzuschauen. Wachalltag kann manchmal monoton sein, außerdem gibt es Tage, an denen man bestimmten Kollegen einfach mal aus dem Weg gehen möchte. In einem solchen Fall ist man froh, wenn ein Einsatz einem die Freiheit schenkt, die Wache zumindest zeitweise zu verlassen. Unseren letzten Einsatz hatten wir vor circa einer Viertelstunde abgeschlossen und da saßen wir nun in unserem Rettungswagen, über Funk natürlich einsatzbereit, und genossen eine heiße Tasse schwarzen Kaffee, aufgebrüht in einem amerikanischen Schnellrestaurant.

Wir beobachteten amüsiert die vorbeiziehende Realität, und erfreuten uns an den kleinen skurrilen Überraschungen, an den kaum sichtbaren Details, die bei aufmerksamer Betrachtung große Freude schenken und das Herzchen hüpfen lassen.

Objekt meiner Beobachtung und quasi das Salz in meiner Tagessuppe war ein langsam vorüberschlendernder junger Mann, der im Glauben, unbeobachtet zu sein, seinen kleinen Finger fast vollständig in seinem linken Nasenloch hatte verschwinden lassen, um dort mit kleinen bohrenden Drehbewegungen nach irgendetwas zu suchen. »Der kratzt sich doch gleich von innen am Auge!«, sagte ich lachend zu Hein. »Wer suchet – der findet!«, antwortete Hein ebenfalls lachend, um im nächsten Augenblick den Motor zu starten. Der junge Mann zuckte erschrocken zusammen, riss den

Finger aus der Nase, schaute dann ertappt in der Gegend herum, um anschließend möglichst unauffällig seinen Weg fortzusetzen.

An dieser Stelle sei auch noch kurz erwähnt, dass elegante Frauen keineswegs mehr elegant wirken, wenn sie beim Gehen Burger essen und ihnen dabei Barbecuesauce auf das Designerblüschen tropft. Da hilft auch kein hektisches Tupfen mit einer vollgespeichelten Serviette. Ach ja, und allen Männern sei gesagt: Ihr werdet beobachtet, wenn ihr euch durch die geschlossene Hose am Arsch kratzt.

Natürlich bin ich mir bewusst, dass auch ich der Beobachtete sein kann, dass andere sich über mein Tun und Handeln amüsieren – aber das macht nichts, schließlich sind wir alle Darsteller in dem Theaterstück, das sich »Leben« nennt, und ich glaube, dass die kleinen Ausrutscher und Peinlichkeiten alles in allem gerecht verteilt sind.

Wie dem auch sei, wir hatten unseren Spaß gehabt, und es wurde Zeit, den Feierabend einzuläuten. Auf der Rückfahrt zur Wache wurde unser Plan jedoch von der Leitstelle jäh zunichtegemacht. Der Einsatz, den wir übernehmen sollten, machte sofort den Eindruck, dass er nicht ganz gewöhnlich verlaufen würde, denn auf Heins Nachfrage: »Was liegt denn an?«, antwortete der Leitstellendisponent nur lapidar: »Schwirig über Funk zu erklären, alles in allem sogar kompliziert – schaut euch die Lage mal vor Ort an.« Die genannte Einsatzstelle lag mitten in einem Stadtteil, dessen Bebauung weitestgehend noch aus der Gründerzeit stammte, und so machte ich mich im Geiste schon auf Senioren, hohe Decken und endlose Treppenhäuser ohne Aufzug gefasst. Die tatsächliche Lage vor Ort stellte sich allerdings vollkommen anders dar.

Nachdem wir eine großzügige, mit historischen Fliesen ausgelegte Diele durchschritten hatten, gabelte sich der Weg. Geradeaus lag ein hübscher Innenhof, der einer uralten Kastanie als Heimstatt diente, und rechts davon befand sich ein hölzernes

Treppenhaus, dessen Geländer aus gedrechselten Streben und einem abgegriffenen Handlauf bestand. Hein, der vorausging, entschied sich instinktiv für das Treppenhaus, und er sollte recht behalten. Auf dem Treppenabsatz zum zweiten Stock erwartete uns ein zu Tode betrübtes Häuflein Elend, das aus vier Personen bestand.

Auf der obersten Stufe saß eine junge Frau mit blonden, leicht strähnigen Haaren, die die Ellbogen auf die Knie gestützt hatte und ihre Hände vors Gesicht hielt. Hinter ihr stand, in ein eng tailliertes Bürokostümchen geschossen, eine weitere Frau, die ihr von Zeit zu Zeit sanft über den Kopf streichelte. Neben Lichtschalter und Türklingel lehnte ein sportlicher hochgewachsener Kerl mit dem Kopf im Nacken an der Wand und schüttelte verständnislos den Kopf. Der Vierte im Bunde schritt rastlos auf dem Treppenabsatz hin und her, machte ein nachdenkliches Gesicht und rieb sich immerfort die Stirn, als hätte er nur noch wenige Augenblicke Zeit, ein Rätsel von weltenrettender Bedeutung zu lösen. »Sie haben uns gerufen? Wie können wir helfen?«, fragte Hein in einem Tonfall, als wäre er einer der »Ghostbusters«.

»Jaaaa!«, schluchzte die auf der Treppe sitzende Frau weinerlich. »Warum haben Sie uns denn gerufen? Und wer von Ihnen ist denn der Patient?«, fragte Hein, schon ahnend, dass das Grüppchen nur ein Begrüßungskomitee war. »Niemand von uns ist Patient! Der Patient ist hinter dieser Tür, und mit dem ist nicht zu spaßen!«, antwortete der Kerl, der an der Wand lehnte, und deutete auf die hölzerne Wohnungstür rechts von ihm. »Und warum versteht der- oder diejenige keinen Spaß?«, fragte Hein auf der Aussage aufbauend. »Weil der Kerl da drin verrückt ist!«, war die knappe Antwort.

»Was heißt das? Ein wenig mehr müssen Sie uns schon verraten, vorausgesetzt, Sie haben mehr Informationen. Wie war doch gleich Ihr Name?«, mischte ich mich fragend ins Gespräch ein. »Mein Name ist Tobias Sales, und ich kann Ihnen bis morgen früh erklären, warum der Kerl verrückt ist – übrigens, das kann hier jeder von uns. Leon leidet unter Psychosen«, begann Herr Sales seine Schilderung. »Unser Patient heißt also Leon?«, unterbrach ich ihn. »Ja, verdammt. Leon ist mal wieder total drüber. Wie schon gesagt, er leidet an Psychosen. Das Ganze hat angefangen, als er vor Jahren mal mit irgendwelchen Drogen experimentiert hat. Seitdem erzählt er von irgendwelchen Ministerien, die ihn abholen lassen und wissenschaftliche Versuche mit ihm anstellen wollen. Man kann sich den Quatsch gar nicht anhören. Wenn man versucht, ihm zu erklären, dass sein Gefasel nur seiner Fantasie entspringt, wird er auch noch aggressiv. Seit zwei Jahren ist er in therapeutischer Behandlung. Wenn er dort war, ist für eine Weile auch alles wieder gut. Das Problem ist allerdings, ihn erst mal dorthin zu kriegen. Er verlässt nämlich nicht das Haus, weil sonst Männer vom Ministerium seine Wohnung manipulieren. Beim Versuch, ihn zu seinem Therapeuten zu bringen, wurde er eben sogar handgreiflich, er ist vollkommen ausgeflippt. Wir sind mit unserem Latein am Ende. Wir sind mit ihm befreundet, aber wir können uns doch nicht mit ihm prügeln!«, vervollständigte Herr Sales aufgebracht die Schilderung der Gesamtsituation.

In der Zwischenzeit hatte die Dame auf der Treppe unbemerkt ihre Atmung beschleunigt. Die Umstände hatten sie wohl so weit aufgewühlt, dass ein Teil ihres zentralen Nervensystems entschieden hatte zu hyperventilieren. »Versuchen Sie, sich zu beruhigen und langsamer zu atmen. Wir sind jetzt hier und werden Ihnen helfen, die Situation zu lösen. Was regt Sie denn im Augenblick so fürchterlich auf?«, erkundigte ich mich einfühlsam, während die Frau hinter ihr immer noch beruhigend über ihren Kopf streichelte. »Ich bin seine Ex!«, brachte sie, von der beschleunigten Atmung gebeutelt, angestrengt hervor. »Wie lange waren Sie denn ein Paar?«, fragte ich mit sanfter Stimme, bemüht, den Gesprächsfaden nicht abreißen zu lassen. »Sechs Wochen, länger habe ich es nicht ausgehalten!«, seufzte sie. »Und wie lange ist das her?«, fragte ich mitfühlend. »Vier Jahre«, antwortete sie, immer noch schluchzend, aber schon ruhiger atmend.

»Und da haben Sie immer noch keinen emotionalen Abstand aufgebaut?«, fragte Hein wie ein Hammerwerfer im Porzellanladen. »Wollen Sie mir etwa Vorwürfe machen? Dafür haben wir Sie nicht gerufen!«, ereiferte sich die Gute, jetzt wieder schneller atmend. »Entschuldigen Sie! Um Gottes willen, ich mache Ihnen keine Vorwürfe, ich wundere mich nur«, versuchte Hein, verlorenes Terrain wiederzugewinnen, als die Situation weiter eskalierte.

Der Herr, der bislang auf dem Treppenabsatz nervös hin und her gegangen war, ging geradewegs dazu über, seine Stirn in kurzen Abständen mit voller Wucht gegen die Wand zu schlagen. Hein ging sofort dazwischen und hinderte den Kerl so daran, sich selbst ernsthaft zu verletzen. »Was ist denn jetzt mit Ihnen los? Von wegen ›der Patient ist da drin‹! Wenn Sie noch einmal versuchen, der Wand wehzutun, dann sind Sie der Erste, der hier zum Therapeuten gebracht wird, verstanden?«, fragte Hein energisch. Ein stummes Nicken war Zeichen der Zustimmung, als Hein noch weiter nachfasste: »Warum flippen Sie denn jetzt auch noch aus? Und wie heißen Sie eigentlich?« – »Mein Name ist José Fuentes, und ich war auch mal mit Leon zusammen.«

Hein hielt einen Moment inne, holte Luft und fasste dann die Dinge aus seiner Sicht zusammen: »Wir haben es also mit einem bisexuellen Psychotiker zu tun, der sich als Versuchskaninchen irgendwelcher Ministerien empfindet und nebenbei seinen Freundes- und Bekanntenkreis um den Verstand bringt, klingt interessant. Ich jedenfalls möchte den Herrn jetzt mal persönlich kennenlernen.« Sprach es und klingelte an der Haustür.

Nach kurzer Tonfolge hörte man deutlich, dass sich jemand hinter der Tür befand und vermutlich das Geschehen davor durch den Spion beobachtete. Hein klingelte erneut, diesmal begleitet von einem lauten und deutlichen: »Bitte öffnen Sie die Tür. Ihre Freunde machen sich Sorgen um Sie!« Es dauerte eine kleine Weile, bis eine skeptische Stimme mit einer Gegenfrage antwortete: »Sind Sie vom Ministerium?« – »Nicht schon wieder!«, ereiferte sich Herr Sales. »Nur die Ruhe«, beschwichtigte Hein und fuhr durch die geschlossene Tür an Leon gewandt fort: »Nein, wir sind nicht vom Ministerium! Wir sind von den Behörden und Organisationen mit Sicherheitsaufgaben und wir wollen Ihnen helfen. Öffnen Sie bitte die Tür, damit wir uns in Ruhe unterhalten können.«

Es dauerte noch einen gefühlt ewigen Moment, aber dann wurde eine Kette entfernt, ein Schlüssel gedreht und die Tür öffnete sich. Vor uns standen circa 165 etwas korpulente Zentimeter Mensch und schauten uns erwartungsvoll an.

»Das Problem sind die Stricknadeln in den Augen. Und man hat mich geschrumpft«, erklärte sich Leon ungefragt. Hein und ich schauten noch sparsam verwundert, als aufgrund dieser Aussage im Treppenhaus der nächste Akt des Dramas begann. Herr Sales schüttelte als Zeichen seiner Ablehnung wild den Kopf, Herr Fuentes brüllte: »Da sind keine Nadeln in deinen Augen! Da sind keine Nadeln in deinen Augen!« Die Dame auf der Treppe begann wieder zu hyperventilieren, und selbst die bisher ruhige Frau, die der Blonden den Kopf gestreichelt hatte, kaute nun nervös an ihren Fingernägeln.

Ein gehaltvolles Patientengespräch war in dieser Umgebung kaum möglich. Ich entschied mich daher, auch wenn mir nicht ganz wohl bei der Sache war, Hein samt Leon unsanft in die Wohnung zu schieben und die Tür hinter mir zu schließen. »Die vier werden die nächste Viertelstunde wohl auch ohne uns überleben und so können wir uns besser unterhalten«, erklärte ich mein Handeln, was Leon mit einem erleichterten »Danke!« quittierte.

»Da hat man Ihnen also Stricknadeln in die Augen gestochen und Sie geschrumpft?«, fragte Hein, um jedes Missverständnis auszuschließen. »Wie Sie sehen! Unglaublich, aber wahr!«, bestätigte Leon – in der Annahme, dass wir seine Wahrnehmung teilten. »Wie groß sind Sie denn normalerweise und wie groß schätzen Sie Ihre Körpergröße im Augenblick?«, forschte Hein weiter. »Normalerweise bin ich exakt 171 Zentimeter groß, nun ja, im Augenblick würde ich sagen, vielleicht noch so 60 bis 70 Zentimeter«, antwortete unser Patient möglichst präzise. »Und das geht von allein wieder weg?«, rutschte es mir wenig intelligent heraus. »Natürlich nicht! Das müssten Sie aber wissen!«, gab Leon schnippisch zurück, ehe er von Hein in weitere Detailfragen verwickelt wurde.

Während Hein in die Tiefen der psychotischen Wahnvorstellungen Leons eintauchte und über Männer vom Ministerium und Schrumpfverfahren aufgeklärt wurde, ließ ich das Einsatzstellenumfeld, sprich die Wohnung, ein wenig auf mich wirken. Alles machte einen fast schon pedantisch aufgeräumten Eindruck. Kein Stuhl, der nicht exakt an den Tisch herangerückt war, kein Glas in der Vitrine, das nicht hundertprozentig in Reih und Glied stand. Selbst die Bücher, DVDs und CDs im Regal waren penibel nach Thematik und Größe sortiert. Bei genauerem Hinsehen wurde ich neugierig. Die Musikauswahl bestand zum größten Teil aus deutschem Schlager, die Literatur war ein umfassendes Spiegelbild aller gängigen Verschwörungstheorien und die DVDs bildeten eine beeindruckende Softpornosammlung aus den 8oer- und 9oer-Jahren. Besonders gefiel mir der Titel *Die Todesgöttin des Liebescamps*, ein wunderbarer Film von und mit Christian Anders. In mir keimte der Gedanke, dass bereits der übermäßige Genuss dieser Medien ausreichen würde, eine ausgewachsene Psychose auszulösen, als Leon mich aus meinen Gedanken riss. »Wollen Sie auch eine Erfrischung? Ich habe ein leckeres Tafelwasser, das durch Heilsteine mit Energie angereichert wurde«, offerierte er höflich. »Nein, danke«, meinte ich nur knapp und folgte Leon und Hein mit geschärften Sinnen in die Küche. Wachsamkeit war geboten! Auch wenn die Situation alles in allem entspannt war, bei Psychotikern schlägt die Stimmung gerne mal unerwartet um, und sei es nur wegen einer fehlinterpretierten Geste.

Während die beiden sich weiter angeregt unterhielten, drehten sich meine Gedanken um den weiteren Einsatzablauf. Dass Leon derzeit nicht ganz in der Spur lief, lag auf der Hand und wurde durch seine Aussagen untermauert. Es gab nun im Prinzip zwei Möglichkeiten – eine einfache und eine etwas kompliziertere. Die einfache Variante bestand in meinen Augen darin, dass unser Patient uns freiwillig in eine psychiatrische Einrichtung begleiten würde, bestenfalls in eine, in der er schon bekannt war. Die zweite, etwas aufwendigere Variante war eine Einweisung in eine solche Einrichtung gegen seinen Willen. Eine solche zwangsweise Unterbringung ist aber für alle Beteiligten keine angenehme Sache. Eine Vorstellung des Patienten bei einem fachlich geeigneten Mediziner ist erforderlich, eine Menge notwendiger Formalitäten sind einzuhalten und häufig braucht man zur Ausübung des Zwangs auch noch die Polizei an der Einsatzstelle. Das Schlimmste aber ist: Keiner geht nach Einsatzende mit einem guten Gefühl nach Hause, weder Patient noch Rettungs- oder Ordnungskräfte. Mitmenschen mal eben der Freiheit zu berauben, wenn auch medizinisch erforderlich, macht keinen Spaß, und so hoffte ich inständig, dass Hein ein glückliches Händchen hätte und Leon von einer ärztlichen Untersuchung oder Behandlung überzeugen könnte.

»Nehmen Sie eigentlich regelmäßig Medikamente?«, fragte Hein in beiläufig interessiertem Tonfall, als Leon auch schon Abstand nahm und unmissverständlich mit den Armen gestikulierte. »Habe ich versucht! Erstens wird man fett von dem Zeug, ich hab in zwei Monaten sechs Kilogramm zugenommen, und zweitens macht das Zeug bräsig in der Birne – man kriegt nicht mal mehr mit, wenn man geschrumpft wird!«, empörte sich Leon ablehnend.

Apropos – fett werden: »Für wen ist eigentlich die festlich gedeckte Tafel? Doch nicht für Ihre Freunde draußen vor der Tür?«, fragte ich neugierig, mich über ein auf dem Küchentisch akkurat aufgebautes 24-teiliges Kaffeeservice wundernd. »Nein, natürlich nicht für diese ungläubigen Ignoranten. Das ist für die Männer vom

Ministerium. Ich möchte diese Herrschaften schließlich nicht durch mangelnde Gastfreundschaft noch weiter provozieren. Nadeln in den Augen und Schrumpfen reicht mir, ich weiß ja, was die mit anderen machen, die auch Bescheid wissen«, erklärte er mit vielsagendem Blick.

Es war an der Zeit, den Einsatzverlauf etwas voranzutreiben. Hier vor Ort drehten wir uns anscheinend im Kreis. Bisher hatte fast ausschließlich Hein mit unserem Patienten kommuniziert, schließlich wollten wir nicht durch ständig abwechselnde Gesprächspartner und Fragestellungen den Eindruck eines Kreuzverhörs erwecken. Aber obwohl Hein von uns beiden sicherlich den tieferen Einblick in Leons psychische Störung hatte, wirkte auch er etwas ratlos. Es vergingen ein paar Augenblicke, bis er sich zwar nachdenklich, aber dennoch gewinnend an Leon wandte: »Folgender Lösungsansatz: Das mit den Nadeln in den Augen regeln wir hier vor Ort. Ich denke, das schaffen wir hier in Ihrer Wohnung. Das mit dem Schrumpfen werden wir allerdings nur in einer geeigneten Klinik erfolgreich behandeln können. Dafür brauchen wir aufwendiges technisches Gerät. Einverstanden? Was halten Sie davon?«, endete er, hoffnungsvoll fragend.

»Wird das mit den Nadeln wehtun?«, fragte Leon mit Sorge in der Stimme. Hein schüttelte nur beruhigend den Kopf und begann, ohne weitere Fragen abzuwarten, zeitgleich mit der imaginären Therapie. Mit Daumen und Zeigefinger bildete er sozusagen eine Zange und führte sie direkt vor Leons linkes Auge. Dieser blinzelte nervös, als Hein auch schon zupackte und die nicht vorhandene Nadel langsam und vorsichtig herauszog, um sie anschließend behutsam auf dem Küchentisch abzulegen. »Alles in Ordnung?«, vergewisserte sich Hein bei Leon. »Ja, ja, ein bisschen unangenehm, aber ich kann es aushalten!«, antwortete dieser tapfer. Wenige Augenblicke später wiederholte sich das Schauspiel vor Leons rechtem Auge, was Hein nur noch mit einem triumphalen »So, das mit den Augen wäre schon mal erledigt!« kommentierte.

»Dann können wir ja jetzt in die Klinik fahren!«, schaltete auch ich mich, innerlich kopfschüttelnd, wieder in die Situation ein, was Leon jedoch für etwas voreilig hielt. »Ich bin Ihnen sehr dankbar für die Behandlung wegen der Augen, aber bevor wir in eine Klinik fahren, muss ich zunächst noch kurz eine Tasche packen.« Hein zuckte nur gleichgültig mit den Schultern und auch ich stimmte mit einem beiläufigen »Machen Sie ruhig, packen Sie ein paar Habseligkeiten ein« dem Geschehen zu. Die nächsten 20 Minuten machten aber klar, dass Leon und wir komplett andere Vorstellungen vom Taschenpacken hatten. Gingen wir zunächst noch davon aus, dass die normale Krankenhausausstattung eingepackt würde, so wurden statt Zahnbürste, Handtuch und Schlafanzug der Toaster, eine elektrische Küchenwaage, allerlei anderer Krempel, der einen Stecker besaß, sowie sämtliche Fernbedienungen in einen riesigen Hartschalenkoffer verfrachtet.

»Was tun Sie da?«, fragte ich, auf eine nachvollziehbare Erklärung hoffend. »Sie haben wirklich keine Ahnung, oder?«, fragte Leon vorwurfsvoll, fast erbost zurück. »Nein, ich fürchte nicht«, antwortete ich kleinlaut. »Wenn man das Haus verlässt, nimmt man alle elektrischen Geräte mit, zumindest die, die man tragen kann. Was glauben Sie eigentlich, was die Männer vom Ministerium damit anstellen? Ich sage es Ihnen! Die Dinger werden umprogrammiert und verwanzt! Beim nächsten Mal brauchen die gar nicht mehr in meine Wohnung zu kommen, um mich zu schrumpfen – verstanden?«, erklärte Leon eindringlich.

»Aber ...«, holte ich aus, als Hein mich unsanft anstubste. »Hör auf, Fragen zu stellen! Und vor allem widersprich nicht! Ich hab den Kerl doch hier eben nicht umsonst ambulant an den Augen operiert. Scheißegal, was in dem Koffer ist, den macht in der Klinik eh keiner auf, bis wir schon lange über alle Berge sind. Ich will unseren Leon ohne großes Tamtam zeitnah zu seinem behandelnden Psychologen, Psychiater oder was auch immer bringen – verstanden?«, kommentierte jetzt auch Hein durch-

*Die nächsten 20 Minuten machten aber klar,
dass Leon und wir komplett andere Vorstellungen
vom Taschenpacken hatten.*

aus vorwurfsvoll die Situation. Ein stummes Nicken meinerseits reichte, um Heins Miene wieder etwas aufzuhellen, bevor dieser sich einfühlsam und freundlich wieder an Leon wandte: »Machen Sie mit Ruhe! Wenn Sie alles Nötige beisammenhaben, sagen Sie kurz Bescheid. Wir warten so lange an der Wohnungstür«, sagte er und schob mich in die entsprechende Richtung.

Draußen vor der Tür herrschte zurzeit Ruhe. Hein trat kurz hinaus, um dafür zu sorgen, dass dies auch so blieb, während ich unseren Patienten, für alle Fälle, im Auge behielt. Hein erklärte den Anwesenden kurz, was im Inneren der Wohnung geschehen war und welche weiteren Pläne wir hatten. Die Resultate wurden erleichtert aufgenommen, auch wenn die Grundstimmung im versammelten Freundes- und Bekanntenkreis weiterhin eher depressiv blieb. Die Dame auf der Treppe hyperventilierte immer noch leicht, während ihr der Kopf gestreichelt wurde, Herr Fuentes musste sich immer noch zusammenreißen, um seinen Kopf nicht wieder vor die Wand zu dreschen, und auch Herr Sales machte keinen besonders glücklichen Eindruck.

Während Leon noch seinen elektrischen Rasierer und einen Mixer im Koffer verstaute, suchte ich gedanklich nach einer vernünftigen Erklärung für die geballte Betroffenheit seiner Freunde. Vielleicht war Leon bei seinen Drogenexperimenten damals nicht allein gewesen, vielleicht hatten seine vier Freunde auch mal am LSD geschnuppert, vielleicht war er der Einzige, der den berühmten Absprung leider nicht geschafft hatte, und vielleicht fühlten sich die vier deshalb bis heute verantwortlich. Anders konnte ich mir ihre beharrliche Anteilnahme im Augenblick nicht erklären.

Tröstlich war allerdings die Tatsache, dass Leon innerhalb seiner Psychose anscheinend keinen wirklichen Leidensdruck erfuhr, Leid und Resignation herrschten nur aufseiten der Freunde, zumindest war das mein Eindruck von außen.

Auch geschrumpft und mit Nadeln in den Augen hatte Leon keinen wirklich unglücklichen Eindruck gemacht. Solange man sich auf seine Wahrnehmung der Realität einließ, war für ihn alles in Ordnung.

Mit mir im Schlepptau erschien Leon irgendwann samt gepacktem Koffer an der Wohnungstür. »Die Herren bringen mich jetzt in Sicherheit«, sagte er fast beruhigend zu seinen Freunden und Bekannten, zog die Wohnungstür hinter uns zu und ging, ohne ein weiteres Wort zu verlieren, gemächlich die Treppe hinunter. Wir begleiteten Leon, das betrübte Grüppchen blieb allein zurück.

»Kennst du *Irre! Wir behandeln die Falschen* von Manfred Lütz?«, fragte ich Hein im Flüsterton. »Sehr gutes Buch!«, antwortete der nickend, als Leon gerade in den Rettungswagen einstieg, gemütlich Platz nahm, tief durchatmete und scheinbar innere Ruhe fand. »Kennst du eigentlich den Unterschied zwischen einem Neurotiker und einem Psychotiker?«, formulierte Hein flüsternd an mich gewandt mit Neugier in den Augen. »Ich habe zwar eine diffuse Ahnung, aber erkläre es mir doch bitte noch mal genau«, forderte ich ihn einladend auf.

»Gerne! Ein Psychotiker antwortet auf die Frage: ›Was ergibt 2 plus 2‹ mit 5! Und er wird entschieden bei diesem Ergebnis bleiben. Ein Neurotiker wird auf die gleiche Frage mit ›4‹ antworten, dann aber hinzufügen ›Aber ich kann es nicht ertragen!‹«, erläuterte Hein salopp den medizinischen Sachverhalt, bevor er geistreich fortfuhr: »Weißt du, seine Umwelt sagt, er hätte Wahnvorstellungen und Psychosen, ich finde, als Psychotiker hat er es doch gar nicht so schlecht erwischt! Wenn schon einen an der Waffel, dann würde ich mich auch für die Psychose entscheiden – da glaubt man wenigstens, was das Hirn einem vorgaukelt, ich zweifele ja schon mehrmals täglich an der Welt ohne diagnostizierte psychische Erkrankung!«, endete er fast philosophisch.

Nach kurzer Fahrt übergaben wir Leon wenig später in kompetente gute Hände, und ich war froh, dass ich in diesem Akt des Theaterstücks, das sich »Leben« nennt, mit Hein gemeinsam auf der Bühne stehen durfte.

17. Notfall

Die hohe Kunst der Kommunikation

Hein gibt sein Bestes

Man kann noch so viele Fremdsprachen beherrschen – wenn man sich beim Rasieren schneidet, gebraucht man die Muttersprache. Eddie Constantine

Der morgendliche Blick auf den Dienstplan ließ nichts Gutes ahnen. Es gibt Tage, da bleibt den im Dienst befindlichen Kollegen eigentlich gar keine Zeit, Einsätze abzuarbeiten. Das ist zwar ironisch gemeint, aber zumindest kann dieser Eindruck entstehen, wenn die Liste der zu erledigenden Tagesaufgaben mehr Punkte aufführt, als Kollegen im Dienst sind. Der Volksglaube mag zwar hier und da immer noch davon ausgehen, dass auf Feuer- und Rettungswachen die meiste Zeit mit Bier und Weibern auf den nächsten Einsatz gewartet wird, aber in der Regel ist das Gegenteil der Fall. Für heute hatte Sven, unser Dienstplaner, ein kleines Mammutprogramm zusammengestellt.

Nach der Diensteinteilung sollten – wie jeden Morgen – die persönliche Schutzausrüstung und die Einsatzbereitschaft der Fahrzeuge überprüft werden. Im Anschluss war eine 10-minütige Kaffeepause vorgesehen, um dann nahtlos mit einer Unterrichtseinheit über »Kommunikation mit Patienten und Angehörigen im Rettungsdienst« fortzufahren.

Die Desinfektion eines Rettungswagens sollte ebenfalls noch vor der Mittagspause erfolgen und die Reinigung der Sozialräume stand auch noch auf dem Programm. Einsatzübungen und Dienstsport sollten den Nachmittag füllen, bevor gegen 18:30 Uhr die Bereitschaftszeit begann. Soweit der Plan. Mit der Erfahrung einiger Dienstjahre weiß man aber, dass geplante Tagesabläufe sich nur selten in ihrer ursprünglichen Form umsetzen lassen – so auch heute.

Hein war in Hochform, während er seinen Unterricht abhielt. Gestenreich zitierte er Paul Watzlawick: »Man kann nicht nicht kommunizieren!« Er fuhr fort mit dem »Sender-Empfänger-Prinzip« und gipfelte in den »Vier Seiten einer Nachricht«. Die ersten Zuhörer wurden bereits müde und neigten ihren Kopf gen Tischplatte, als Hein die Kommunikationstheorien verließ und sich einsatzrelevanten Dingen wie Patientenbefragung und Patientenübergabe im Krankenhaus widmete.

»Ich möchte keine Fragen wie die folgenden hören: ›Na Oma, wie geht es uns denn? Haben wir denn heute schon unsere Tabletten genommen?‹ Erstens geht es uns immer gut, aber das ist nicht von Belang – es geht um den Patienten. Zweitens gehören die Tabletten dem Patienten und nicht uns, drittens hoffe ich nicht, dass irgendjemand im Dienst Pillen schluckt, und viertens ist die Patientin nur äußerst selten die eigene Großmutter!«, erinnerte Hein an einen ernsthaften Umgang mit älteren, zum Teil senilen Patienten.

Seine weiteren Ausführungen zum Thema schriftliche Dokumentation wurden jäh durch einen Alarm unterbrochen. Der Gong ertönte, Kollegen schreckten hoch und die zufriedenen Mienen der geweckten Kollegen signalisierten, dass, egal welcher Einsatz uns jetzt auch erwartete, alles besser war, als eine weitere Stunde mit Theorie im schlecht gelüfteten Unterrichtsraum zu verbringen.

»Einsatz für den Löschzug Nord und Löschzug Mitte. Person droht zu springen. Höhenrader Brücke in Fahrtrichtung Innenstadt«, dröhnte es aus dem Lautsprecher. Der Kollege der Leitstelle wiederholte seine Alarmierung, während alle betroffenen Kollegen aufsprangen, Stühle unsanft gerückt wurden und die Meute Richtung Fahrzeughalle hastete. Die Kollegen im Feuerwehrdienst legten noch ihre Einsatzkleidung an, während Hein und ich bereits in unserem Rettungswagen das Wachgelände verließen. Es war hässliches Wetter. Der Januarmorgen dachte gerade erst zögerlich über den Sonnenaufgang nach und nasser, kalter, dichter Nebel machte unsere Stadt ungemütlich.

Die etwa sechsminütige Anfahrt zur Einsatzstelle nutzten Hein und ich, um uns abzusprechen. »Einer nimmt Kontakt zum Patienten auf und einer weist die nachrückenden Kräfte ein«, gab Hein mit ernster Miene Anweisung. »Ja, ja, vielleicht steht ja auch nur jemand auf der Brücke und beobachtet den Flusslauf«, versuchte ich, die Lage zu entspannen. »Nein! Bei dem Wetter sind die Depressiven unterwegs, da will einer Schluss machen, ich hab es schon den ganzen Morgen im Urin, dass so was passiert«, prophezeite Hein und fuhr fort: »Wir brauchen einen emotionalen Zugang, wir müssen ihn beschäftigen, in ein Gespräch verwickeln, seine Sprache sprechen, mitfühlen und versuchen, seine Situation zu begreifen.« – »Als Patientenversteher ist das ja eher deine Aufgabe, ich kümmere mich um die nachrückenden Kollegen«, klärte ich knapp, aber eindeutig die Aufgabenverteilung. Von uns beiden war Hein sicherlich der einfühlsamere und verständnisvollere Rettungsassistent, und wenn es hier um ein Gespräch mit einem suizidal eingestellten Patienten ging, war Hein ganz bestimmt die bessere Wahl.

Einen Kilometer vor der Brücke schaltete Hein das Martinshorn aus, um dem vermeintlichen Springer nicht unser baldiges Eintreffen zu verraten. Wir passierten das Schild mit der Aufschrift »Höhenrader Brücke« und Hein ging vom Gas, um sich ganz langsam durch den Nebel an unsere Einsatzstelle heranzutasten. Zwar war uns die Fahrtrichtung bekannt, aber nicht, auf welcher Höhe der Brücke der Patient zu suchen war.

»Da ist was – oder?«, fragte Hein. »Wo, wo denn?«, fragte ich zurück. »Na da, circa 50 Meter vor uns«, gab Hein zurück. »Du warst wohl im ersten Leben 'ne Radarstation, oder was? Ich sehe nix bei dem Nebel!«, antwortete ich, während meine Augen angestrengt versuchten, Umrisse einer Person wahrzunehmen. Hein ließ sich nicht beirren und stoppte unseren Rettungswagen. »Ich sehe da doch was!«, sagte er zu sich selbst, als er ausstieg und langsam auf dem seitlichen Fußweg der Brücke die Suche fortsetzte. Ich folgte mit mehreren Metern Abstand, Autos rasten an uns vorbei und im Licht der Scheinwerfer hielt Hein inne, um mich per Handzeichen auf etwas aufmerksam zu machen. Ob Hein nur Glück gehabt hatte oder seine Adleraugen tatsächlich den dichten Nebel durchdrungen hatten, spielt am Ende keine Rolle. Er hatte recht. Ungefähr 25 Meter vor uns stand eine Person jenseits des Brückengeländers.

Der Mann, der die Fersen an die untere Verstrebung des Geländers presste und mit den nach hinten ausgestreckten Armen den Handlauf umfasste, hatte uns augenscheinlich noch nicht bemerkt. Durch die eingenommene Körperhaltung brauchte er lediglich die Hände zu öffnen, um sofort der Schwerkraft zu folgen. Makabre Sätze schossen durch meinen Kopf: »Guten Tag, hier spricht Ihr Kapitän: Die heutige Flugstrecke von geschätzten 20 Metern werden wir in kürzester Zeit zurücklegen. Die Temperatur bei unserer Wasserlandung beträgt vier Grad Celsius. Ich wünsche einen guten Flug und würde mich freuen, Sie bald wieder als Gast begrüßen zu dürfen.«

Hein, der scheinbar meine Gedanken lesen konnte, strafte mich sofort mit unmissverständlichen Blicken und gebot mir, den Zeigefinger auf die geschlossenen Lippen gepresst, den Mund zu halten. Langsam bewegten wir uns noch einige Meter auf den Mann zu, der uns immer noch nicht wahrgenommen hatte. Seine Umrisse waren nun klarer, und man konnte Einzelheiten seines Äußeren erkennen. Nicht besonders groß, aber schlank gewachsen, mit einem langen grauen Popelinemantel bekleidet, stand er da. Kopf und Gesicht waren durch eine Strickmütze bzw. einen dicken Schal vor der Witterung geschützt und seine Füße steckten in schweren Lederstiefeln.

»Was willst du jetzt tun?«, fragte ich Hein mit gedämpfter Stimme. »Du gehst zurück zum Rettungswagen, gibst über Funk Rückmeldung und weist die eintreffenden Kollegen ein. Ich werde einen Zugang zum Patienten schaffen«, flüsterte Hein bedeutungsschwanger. »Das hast du eben schon gesagt. Zugang schaffen – das klingt, als würdest du das Tor zu einer unbekannten Dimension aufstoßen! Nicht ganz so geschwollen bitte, du quatschst mit dem Kerl und ich unterstütze die Kollegen«, frotzelte ich leise und machte mich auf den Weg.

Als ich unseren Rettungswagen erreichte, erwartete mich dort bereits mein Zugführer Ralf: »Wie sieht es aus? Habt ihr was?«, fragte er nüchtern. »Ja, sieht wirklich so aus, als wolle da jemand springen. Männlich. Der Witterung entsprechend gekleidet. Derzeit steht er über dem Flusslauf. Ich schlage vor, für den Fall der Fälle noch ein Rettungsboot nachzufordern und die Wasserschutzpolizei zu informieren. Er kann zwar den Sprung in den Fluss überleben, aber bei den Temperaturen hat er im Wasser nur ein paar Minuten Überlebenschancen. Im Augenblick versucht Hein, mit der Person zu sprechen«, fasste ich die bisherigen Erkenntnisse zusammen. »Hein spricht mit der Person? Na, da würde ich auch ... ach egal!«, lachte Ralf in sich hinein. »Einen Fahrstreifen der Brücke sperren, Rettungsboot nachfordern, Taucherstaffel alarmieren und Sprungpolster an die Brückenfundamente im Uferbereich, ich habe keine Lust, ein Puzzle zusammenzusetzen, falls der Kerl das Wasser verfehlt«, gab Ralf Anweisungen für die Besatzungen der Feuerfahrzeuge. An mich gewandt, fuhr er süffisant fort: »Und wir zwei lustigen drei werden Hein ein wenig unterstützen, bis die Psychologen von der Polizei eintreffen – die Frage ist ja, wer die zum Schluss brauchen wird.«

Hein wurde derzeit im Kollegenkreis ein wenig belächelt. Um sich geistig immer wieder zu fordern, hatte er als Ausgleich zur beruflichen Routine einen VHS-Kurs zum Thema »Werkzeugkoffer der Psychologie« besucht. Leider versuchte er, das Gelernte in jeder Alltagssituation anzubringen. Einem jungen Kollegen, der seine Wäsche nicht ordentlich gefaltet hatte, unterstellte Hein eine Phobie, oder, noch schlimmer, das Verdrängen tief verschütteter Probleme. Weiterbildung war ja eine sinnvolle Sache, aber manchmal war weniger einfach mehr. Wer Hein aber ein wenig kannte, der wusste: Das sind Phasen, das schleift sich raus. Bald würde alles wieder gut.

Wie angekündigt, eilten Ralf und ich zu Hein und dem vermeintlichen Selbstmörder. Dort angekommen, hielten wir gute zehn Meter Abstand. Aus dieser Entfernung konnten wir alles beobachten, ohne die Situation ungewollt negativ zu beeinflussen. Hein hatte in der Zwischenzeit den Abstand zu der Person auf ungefähr fünf bis sechs Meter verkürzt. Näher konnte er nicht heran. Sobald Hein einen weiteren Schritt auf die Person zuging, wich diese im selben Maße zurück, und dies war nicht ohne Risiko, schließlich bewegte sich der zum Sprung bereite Patient auf der falschen Seite des Brückengeländers. Hein gab sich alle Mühe, ein Gespräch aufzubauen beziehungsweise zu beginnen.

»Sagen Sie mir doch bitte Ihren Namen! Können wir Ihnen helfen? Lassen Sie uns doch miteinander reden! Was hat Sie bewogen, so zu handeln?«, hörten wir Hein deutlich, aber dennoch in beruhigendem Tonfall sagen. Die Reaktion war dürftig, um nicht zu sagen: Es gab keine. Der Mann auf der anderen Seite des Geländers starrte nur auf den Fluss und behielt den Abstand zu Hein im Auge. Keine Reaktion auf Heins Ansprache, weder verbal noch durch Gesten.

»Sprungpolster sind in Stellung, Taucherstaffel trifft gerade ein, das Boot der Wasserschutzpolizei, unser Rettungsboot und ein Psychologe sind auf dem Weg«, krächzte es aus dem Funkgerät in Ralfs Brusttasche. »Verstanden. Und jetzt Ruhe. Ich will hier keine Aufmerksamkeit erregen!«, fauchte Ralf ins Mikro seines Funkgeräts. Im Augenblick konnten wir nicht viel tun. Die inzwischen eingetroffene Polizei hatte den Bereich weiträumig abgesperrt und auch alle vorbereitenden Maßnahmen der Feuerwehr waren so weit abgeschlossen. Warten war angesagt.

Die Augen hatten sich mittlerweile an die schlechten Sichtverhältnisse gewöhnt. Ich erkannte jetzt zumindest die orangefarbenen Sprungpolster im Bereich der Brückenpfeiler und das schemenhaft flackernde Blaulicht verschiedener Feuerwehrfahrzeuge. Meine Hoffnung, jetzt auch unseren Selbstmordkandidaten besser zu erkennen, wurde aber enttäuscht. Der Nebel und Dunst über dem Fluss war immer noch dicht genug, um Feinheiten wie Gesichtszüge, Mimik oder Emotionen zu verbergen.

Zwischenzeitlich verfolgten wir Heins tiefenpsychologisch angehauchte Versuche, den Mann zum Aufgeben zu bewegen: »Ich appelliere an Ihren Lebenswillen!«, hörte ich ihn sagen, als ich hinter uns plötzlich Schritte hörte. Es war auffällig still geworden, ich hatte es zunächst gar nicht bemerkt, aber nachdem die Polizei die Brücke für den Straßenverkehr vollständig gesperrt hatte, verbreitete sich langsam eine melancholische Ruhe. Die Schritte gehörten zu Polizeihauptkommissar Helmut Schnelle, einem uns aus einer Vielzahl von Einsätzen gut bekannten Kollegen. »Guten Morgen, meine Herren, ein Wetter zum Davonlaufen, nicht wahr? Was können Sie mir berichten?«, begrüßte er uns fragend. Ralf schilderte kurz die Lage, die bisherigen Maßnahmen, die ergriffen worden waren, und berichtete auch über Heins Verhandlungsversuche. »Gut. Unser Polizeipsychologe wird sicher noch eine halbe Stunde brauchen. Ihr Mann da vorn hat bisher ja anscheinend nichts versaut, also soll er auch ruhig weiter das Gespräch suchen – allerdings hätte ich gern kurz mit ihm gesprochen«, antwortete PHK Schnelle.

Kopfnickend gab Ralf mir ein Zeichen, Hein zu holen. Langsam und um Unauffälligkeit bemüht, ging ich hinüber und fasste Hein an der Schulter. »Du sollst mal rüberkommen, die Polizei ist eingetroffen und will kurz mit dir reden«, flüsterte ich leise. Hein nickte und sprach beruhigend in Richtung der sprungbereiten Person: »Bitte tun Sie nichts Unüberlegtes, ich komme gleich wieder, ich lasse Sie nicht allein, bleiben Sie ruhig.« Dabei vollzog er mit beiden Händen besänftigende Bewegungen und ging langsam rückwärts.

Als wir unsere Vorgesetzten erreichten, begann PHK Schnelle, an Hein gewandt: »Sind Sie für solche Situationen ausgebildet?« – »Als Rettungsassistent nicht wirklich, aber ich habe mich privat mit Psychologie beschäftigt«, antwortete Hein. »Also nein! Macht nix! Bisher haben Sie einen guten Job gemacht. Ich persönlich glaube ja an Wiedergeburt – da ist Selbstmord ziemlich sinnlos, man kommt ja eh wieder. Aber wir wollen ja versuchen, dem Kerl da vorn ein unnötig schlechtes Karma zu ersparen. Die entscheidende Frage ist also: Wird hier gesprungen oder wird hier nur eine Riesen-Show veranstaltet?«, fragte PHK Schnelle, beinah ins Theologische abdriftend. Hein dachte einen Augenblick nach, bevor er antwortete. Ralf und ich beobachteten derweil die Person, die inzwischen etwas unruhiger wurde. Abwechselnd hob er jeweils ein Bein vom Fuß des Brückengeländers ab und schüttelte es in der Luft aus, ähnlich wie Sportler nach Dehnübungen. »Wenn er das auch noch mit den Armen macht, werde ich nervös«, sagte Ralf in die Runde und deute in die entsprechende Richtung. Alle drehten den Kopf zur Brückenmitte, als Hein antwortete: »Ich bin nicht sicher, aber ich glaube, der meint es ernst. Er hat ja kein Wort mit mir gesprochen, der ist total verschlossen, in sich gekehrt, quasi katatonisch. Ich denke, er ist hochsensibel, feinfühlig, empfindsam, da kann ein falsches Wort schon zu viel sein – zack, dann ist der Kerl unten.« – »Danke für Ihre Einschätzung. Ich denke, wir sollten …«, antwortete Kollege Schnelle, als er durch das Eintreffen des Rettungsbootes unterbrochen wurde.

»Rettungsbootführer für Zugführer, Frage nach Einsatzbefehl«, krächzte erneut Ralfs Funkgerät. »Das Boot verharrt bis auf Weiteres im Strom!«, quittierte Ralf etwas umständlich die Frage der Rettungsbootbesatzung. »Verstanden!«, kam noch zurück, dann war wieder Ruhe am Funk.

PHK Schnelle setzte erneut an: »Nun, bis zum Eintreffen unserer Fachleute werden Sie …«, und hier wurde er wieder unterbrochen. Diesmal allerdings durch den erstaunten bis fassungslosen Gesichtsausdruck von Ralf, Hein und mir. Unser vermeintlicher Brückenspringer hatte die rechte Hand geöffnet, den Arm nach vorn gleiten lassen, gleichzeitig das rechte Bein angehoben, eine halbe Drehung auf dem linken Fuß vollzogen, um sofort wieder mit der rechten Hand das Geländer zu fassen und das Bein wieder am Fuß des Brückengeländers abzusetzen. Er stand nun mit dem Rücken zum Fluss, wartete einen Augenblick, drückte die Arme durch und schwang sich mit einer flüssigen Bewegung über das Brückengeländer. Bei der Landung auf dem Fußweg der Brücke ging er leicht in die Knie, bevor er die Beine wieder durchdrückte. Es hatte etwas von einem Kunstturner, es fehlte eigentlich nur, dass er sich kurz verbeugte und auf Applaus wartete. Stattdessen ging er langsam in die Hocke und lehnte sich mit dem Rücken ans Brückengeländer.

»Zugriff! Zugriff!«, rief PHK Schnelle hektisch in sein Funkgerät und stürmte in Richtung der Person. Hein und ich folgten, so schnell wir konnten, mit vereinten Kräften wurde die Person sanft fixiert, denn es galt, einen möglichen Wiederholungsversuch noch im Keim zu ersticken. Augenblicke später trafen sechs oder sieben weitere Polizeibeamte ein, um die jetzt deutlich entspannte Lage abzusichern.

Zum ersten Mal waren wir nun nah genug an unserem Patienten, um ihm wirklich in die Augen schauen zu können. Was wir dort sahen, war nicht ungewöhnlich, dennoch überraschte es für einen Moment – wir blickten in braune fernöstliche Augen. Die Mandelform war unverkennbar, unser Patient war zweifelsohne asiatischer Abstammung. Heins Fragen waren begleitet von einem Gesichtsausdruck aus Unglauben und wissender Verzweiflung: »Verstehen Sie meine Sprache? Do you speak English? Hable el español?« Damit waren seine Fremdsprachenkenntnisse erschöpft. Dass keine adäquate Antwort erfolgte, brauche ich an dieser Stelle wohl kaum zu erwähnen. Ralfs schelmischer Blick war auf den Boden gerichtet, er biss sich auf die Innenseite der Wange, um nicht zu lachen, und brachte ein halbwegs unfallfreies »Wir sind dann schon mal weg!« heraus.

Heins Fragen waren begleitet von einem Gesichtsausdruck aus Unglauben und wissender Verzweiflung.

»Wir können noch nichts Abschließendes zur Identität des Herrn sagen, fahrt ihn erst mal ins Krankenhaus, wir kommen gleich nach«, stellte ein Polizist nüchtern fest, nachdem keine Personalpapiere bei dem Patienten zu finden waren.

Hein bat mich, den Patienten während der Fahrt zu beaufsichtigen: »Ich glaube, es ist besser, wenn ich fahre!«, sprach er und saß schon auf dem Fahrersitz. Auch im Krankenhaus war Hein eher wortkarg und überließ mir die Übergabe des Patienten und die weiteren Formalitäten. Dem aufnehmenden Arzt schilderte ich die mutmaßlich suizidalen Tendenzen des Patienten und verwies auf die Absicht der Polizei, möglichst bald mit einem geeigneten Dolmetscher einzutreffen. Es wurde Zeit, nach Hause zu fahren. Als wir unter uns waren, begann Hein sein Klagelied: »Undank ist der Welten Lohn, ist das denn zu fassen, da gibt man sich die größte Mühe, dem Kerl das Leben zu retten – und dann, und dann, versteht der Kerl kein Wort! Chinese, Mongole, Tibeter oder was weiß ich, da redet man sich den Mund fusselig, hat schon Fransen an den Lippen – und dann versteht der Kerl kein …« – »Lass gut sein, Hein, mal verliert man – und mal gewinnen die anderen«, unterbrach ich ihn unsanft, um einen längeren Monolog zu vermeiden.

Wenig später hatten wir unsere Wache wieder erreicht, und ich freute mich auf eine frische Tasse viel zu starken, aber lauwarmen Kaffee. »Auch Kaffee?«, fragte ich Hein. »Klar, warte kurz, ich hole nur meine Tasse«, antwortete er mit mittlerweile wieder entspannter Stimme.

Die Kollegen waren in unserer Abwesenheit nicht untätig geblieben. In Heins Tasse steckte zusammengerollt das Jahresprogramm der örtlichen Volkshochschule. Aufgeschlagen war eine Seite mit Sprachkursen. Mit grünem Textmarker herausgehoben war der schöne Kurs »Sprachen der Welt«.

18. Notfall

Eine Kinderkrankheit wird zur Ausnahmesituation

Manche trifft es eben zweimal

Man kann von einem Leiden nicht genesen, wenn man es nicht in ganzer Stärke durchlebt. Marcel Proust

Wir standen an einer roten Ampel und warteten auf einen Farbwechsel an der Lichtzeichenanlage, als mein Blick durch die Gegend schweifte und an einem Schaufenster hängen blieb. Dort hing ein großes transparentes Schild mit der Aufschrift »Neueröffnung«. Leider war das Schild verkehrt herum, also von innen ans Schaufenster geklebt, sodass man mühselig buchstabieren oder Spiegelschrift beherrschen musste, um herauszufinden, was das Werbebanner sagen sollte. Es gab nun mehrere Möglichkeiten. Entweder war die angehende Einzelhandelskauffrau im 2. Lehrjahr, die das Schild mutmaßlich aufgehängt hatte, unaufmerksam, einfach nur ein bisschen doof, oder sie hatte als ausgebuffte Werbestrategin durch den absichtlich eingebauten Fehler eine perfide Lockstrategie eingesetzt. Kunden würden in den Laden strömen, um auf den Fehler aufmerksam zu machen, dabei wurden sie vom reichhaltigen Sortiment des Ladens überzeugt und verfielen in einen nie da gewesenen Kaufrausch, der das Bruttoinlandsprodukt des Jahres um circa zwei Prozent steigern würde. Als ich Hein nach der seiner Meinung nach wahrscheinlichsten Möglichkeit fragte, antwortete der nur: »Junge, wofür du Gedanken verschwendest, dafür kommen andere schon in die Anstalt!« Dann gab er Gas, denn die Ampel gab Signal zur Weiterfahrt.

Wir waren auf dem Weg zum Krankenhaus, um einen Patienten in eine andere Klinik außerhalb der Stadt zu verlegen, als uns die Leitstelle wie so oft über Funk ansprach. »Jungs, die Verlegung muss warten! Wir haben einen chirurgischen Notfall in der

Pastor-Florack-Straße 8, bei Leonhardt, Schnittverletzung bei einem 17-jährigen jungen Mann. Die Mutter hat angerufen. Mehr ist nicht bekannt. Ihr übernehmt!«, gab der Leitstellendisponent Anweisung und Hein setzte die Fahrt mit Blaulicht und Martinshorn fort.

Wenig später standen wir, bepackt mit unserer Ausrüstung, vor einer schweren Holztür. Hein klingelte, und während ich noch ein kleines farbiges Bleiglasfenster bewunderte, das die Tür verzierte, öffnete sich diese bereits, und eine Frau um die 40 bat uns herein.

»Frau Leonhardt?«, fragte Hein forschend. Die Dame nickte nur und vollzog eine einladende Handbewegung. Man soll Menschen ja nicht nach ihrem Äußeren beurteilen, aber hier und da treffen Klischees einfach zu. Ohne dass ich ein weiteres Wort mit Frau Leonhardt gewechselt hätte – ich wäre bereit gewesen, ein Monatsgehalt zu verwetten, dass die Gute eine Vegetarierin war, nur im Bioladen einkaufte, sich hauptsächlich mit dem Fahrrad fortbewegte, Mitglied mehrerer Bürgerinitiativen war und, wenn ich es nicht besser gewusst hätte, einen Doppelnamen trug – so etwas wie Leutheusser-Schnarrenberger oder Büchsenschuss-Notdurft.

»Es geht um Ihren Sohn? Was ist denn vorgefallen?«, erkundigte sich Hein, während Frau Leonhardt in den kleinen Flur vorausging. »Hatten Sie beide als Kind die Windpocken?«, antwortete sie mit einer Gegenfrage, ohne uns anzuschauen. Hein schaute mich verdutzt an. Als ich für meinen Teil bestätigend nickte, antwortete er: »Ja, hatten wir – warum?« – »Mein Sohn hat zurzeit die Windpocken – hochansteckend«, war die knappe, aber dennoch warnende Replik. »Ich dachte, es handelt sich um eine Schnittverletzung? Zumindest hat unsere Leitstelle davon gesprochen«, fragte ich, während wir der Dame eine Treppe in den ersten Stock hinauf folgten. »Ich fürchte, mein Sohn hat versucht, sich das Leben zu nehmen«, antwortete die Mutter in besorgter Tonlage. »Wegen Windpocken?«, brach es gleichzeitig ungläubig aus Hein und mir heraus. »Sehen Sie selbst!«, seufzte sie, als sie kurz auf der obersten Stufe innehielt und dann die Tür zu einem Schlafzimmer öffnete.

Der Anblick, der sich uns bot, war in der Tat erschütternd. Auf der Bettkante saß in Unterhosen ein in sich zusammengesunkener pusteliger junger Mann mit durchaus athletischer Figur. Muskeln und Sehnen drückten jedoch keine Spur von kraftvoller Haltung aus, sondern schienen schlaff und ohne Spannung. Sein Kinn hing entmutigt auf der Brust, und auch sein Blick war teilnahmslos auf den Boden gerichtet. Der gesamte Körper war von Windpocken in verschiedenen Reifegraden übersät. Wasserklare Bläschen wechselten sich ab mit nässenden rötlich eitrigen Pusteln und bräunlich gefärbten Krusten. Augenscheinlich war wirklich kein Quadratzentimeter verschont geblieben. Selbst auf Nase und Ohren hatten sich die hässlichen Hautveränderungen ausgebreitet und verliehen unserem Patienten ein ansatzweise abstoßendes Äußeres.

»Guten Tag, mein Name ist Hein. Mein Kollege und ich sind hier, um dir zu helfen«, knüpfte Hein mitfühlend einen ersten Gesprächsfaden. »Es gibt keine guten Tage mehr!«, antwortete unser Patient mit einer Mischung aus Wut und Resignation. »Deine Mutter hat angedeutet, du hättest versucht, dich umzubringen. Stimmt das?«, stellte Hein eine erste investigative Frage. Unser Patient nickte kaum wahrnehmbar und sank dabei noch weiter in sich zusammen. »Wie heißt du denn eigentlich mit Vornamen?«, erkundigte sich Hein, weiter bemüht, eine persönlichere Ebene zu schaffen. »Dirk«, antwortete unser Patient kurz angebunden und begann, sich heftig die Unterarme zu kratzen. »Dirk, nachdem wir schon mal hier sind, müssen wir ein wenig mehr darüber erfahren, was vorgefallen ist. Was hast du denn angestellt in der Absicht, dich selbst zu töten?«, setzte ich Heins Befragung möglichst einfühlsam fort.

»Tranchiermesser«, verließ es knapp geflüstert unseren Patienten. »Tranchiermesser! Ich sehe an dir aber keine Schnittverletzungen. Erklär uns doch bitte, was passiert ist, und bitte im ganzen Satz. Es hilft weder dir noch uns, wenn wir dir jede Einzelheit mühsam aus der Nase ziehen müssen!«, erwiderte ich leicht ungeduldig. »Ich hab es nicht gepackt! Mein Gott, macht kein Drama draus! So, wie ich aussehe, vermisst mich eh keiner. Aber wenn ihr es unbedingt hören wollt, von mir aus. Ich habe mir aus dem Wohnzimmerschrank das Tranchiermesser für den Sonntagsbraten genommen und wollte es mir ins Herz rammen«, erklärte Dirk genervt und deutete auf eine winzige Schnittwunde auf der Brust, die unter den ganzen aufgekratzten Pusteln kaum zu erkennen war. »Ich hab das Messer angesetzt und dann hat mich der Mut verlassen, mit dem Messer vor der Brust saß ich jedenfalls dann da, so ungefähr fünf Minuten. Dann ist Mutter reingeplatzt, um mich zu pudern – und dann ging auch schon das Geheule los. Mutter in Panik! Messer weg! Und jetzt seid ihr hier. Können Sie verstehen, wie man sich fühlt, wenn man mit 17 noch von der eigenen Mutter gepudert wird? Ja? Können Sie das verstehen?«, fuhr unser Pockenopfer verzweifelt und wütend fragend fort, während er versuchte, dem allgegenwärtigen Juckreiz zu widerstehen.

»Ja, aber Junge, Windpocken gehen doch wieder weg! Wie sollst du dir denn selber den Rücken pudern? Es wird doch alles wieder gut!«, klagte Frau Leonhardt mit Linderung versprechender Stimme. »Deine Mutter hat recht. Windpocken kommen und gehen. Ein paar Tage den Spiegel meiden, pudern und nicht kratzen und der Drops ist gelutscht!«, setzte Hein noch mit dem Charme eines Klugscheißers eins oben drauf.

Dirk blickte Hein fest in die Augen. »Ein paar Tage und der Drops ist gelutscht? Ja?«, fragte er rhetorisch. »Ich sehe seit fünf Wochen so aus – du Idiot!«, brüllte er Hein entgegen, um sich sodann dem Juckreiz zu ergeben und quasi selbst über sich herzufallen. »Seit fünf Wochen?«, fragte Hein ungläubig an die Mutter gewandt. »Ja, das stimmt. Es ist alles ganz fürchterlich. Dirk hat

»Ich habe mir aus dem Wohnzimmerschrank
das Tranchiermesser für den Sonntagsbraten genommen
und wollte es mir ins Herz rammen.«

es wirklich hart getroffen«, begann Frau Leonhardt eine ausführliche Schilderung.

»Wo sich Dirk angesteckt hat, ist völlig unklar, so hochansteckend, wie Windpocken nun mal sind, kommt quasi alles infrage. Von der Berufsschule bis zum Sportverein ist alles möglich, spielt eigentlich auch keine Rolle. Jedenfalls fing alles ganz harmlos mit drei oder vier rötlichen Punkten auf der Brust an. Der Junge kam zu mir und ich hab irgendwas Spätpubertäres vermutet, das war an einem Freitagabend«, erklärte Frau Leonhardt.

»Samstags bin ich dann zum Notdienst«, unterbrach Dirk seine Mutter und setzte die Erklärungen selbst fort. »Dr. Albertini, eine Gynäkologin, eigentlich eine nette Person, leider hat sie alles nur noch schlimmer gemacht. Ich sollte den Oberkörper freimachen, anschließend hat sie die ersten Pusteln sogar mit einer Lupe begutachtet und gefragt, ob ich schon die Windpocken gehabt habe. Ich hatte keine Ahnung, deshalb habe ich extra meine Mutter angerufen.«

»Das stimmt, ich habe noch mit der Ärztin gesprochen und ihr gesagt, dass Dirk so mit ungefähr fünf Jahren die Windpocken schon durchgemacht hat«, bestätigte Frau Leonhardt.

»Jedenfalls hat die Ärztin dann zu mir gesagt: ›Wenn du die Windpocken schon hattest, dann wird das hier wohl irgendeine Allergie sein.‹ Fürs Erste würde sie mir mal ordentlich Kortison verabreichen und dann solle ich am Montag zum Hausarzt gehen«, übernahm Dirk wieder die Schilderung. »Tagsüber hatte ich dann eigentlich Ruhe, es kamen zwar noch ein paar wässerige Bläschen dazu, aber ich dachte mir, das Medikament wird wohl etwas Zeit brauchen, bis es wirkt. Am nächsten Morgen war klar, dass es nicht gewirkt, geschweige denn geholfen hat – als ich aufwachte, war meine ganze Brust mit juckenden Pusteln und Bläschen übersät. Ich bin dann wieder zum Notdienst. Diesmal hatte ich mehr Glück, am Sonntag war ein Kinderarzt zuständig. Der hat aus fünf Metern Entfernung sofort gewusst, was ich habe – nämlich Pech!«, fuhr Dirk genervt fort.

»Sie haben die Windpocken, auch Wasserpocken oder Varizellen genannt.« Das sei so sicher wie das Amen in der Kirche. Und es wäre zwar ungewöhnlich, aber auch keine medizinische Sensation, dass ich die Windpocken zweimal erleiden dürfe. Außer Geduld und Puder würde nichts helfen und das mit dem Kortison sei auch keine so tolle Idee gewesen. Abgesehen davon sei zu hoffen, dass sich die Infektion in meinem Alter nicht negativ auf die Zeugungsfähigkeit auswirken würde, zitierte Dirk, so gut er konnte, die Aussagen des behandelnden Kinderarztes.

Hein schaute nachdenklich zwischen Mutter und Sohn hin und her: »Also Kinderkrankheiten wie Windpocken, Masern oder Röteln gehören ja eigentlich nicht klassisch zum Rettungsdienstrepertoire, aber von Suizidversuchen wegen Kinderkrankheiten hab ich auch noch nichts gehört – so ganz verstehe ich die Situation noch nicht«, kommentierte er die Lage.

»Ich bin ja auch noch nicht fertig!«, kündigte Dirk düster die weitere Schilderung seines Leidensweges an. »Zuerst war es nur die Brust, halb so schlimm. Dann der ganze Oberkörper! Haben Sie eine Vorstellung davon, wie diese Scheiße juckt? Irgendwann fangen die Dinger, die Sie aufgekratzt haben, an zu eitern, entzünden sich und bilden Narben und jucken noch mehr. Meine Mitschüler sind nicht gerade feinfühlig in solchen Dingen, Steinmetze im ersten Ausbildungsjahr, ich höre jetzt schon meine Spitznamen. Nach fast vier Wochen war jedenfalls mein ganzer Körper betroffen. Ein schönes Gefühl für einen Jugendlichen, morgens aufzuwachen und festzustellen, dass jetzt auch sein Geschlechtsteil von rötlichen Pusteln verziert wird. Oder der Morgen, als die Dinger meine Schleimhäute befallen haben. Ich hab die Scheiße im Mund! Verstehen Sie mich? Oder Sie werden wach und stellen fest, dass das ganz normale Laufen ab heute nur noch halb so viel Spaß macht. Sie fragen warum? Ab heute haben Sie Windpocken auch unter den Füßen! Jawohl unter den Füßen! Es gibt keinen Fetzen Haut auf meinem Körper, der verschont wurde – und es wird nicht besser. Irgendwann glauben Sie nicht mehr, dass Geduld und Puder die Lösung sind, irgendwann kommt Ihnen der Gedanke, dass Sie für den Rest des Lebens entstellt und nach Eiter stinkend allabendlich von Ihrer Mutter eingepudert werden! Für einen Jugendlichen ist das ein sehr guter Grund, sich mit einem Tranchiermesser anzufreunden. Meines hat sogar einen Namen, es heißt Anna! Sind Kinderkrankheiten und Selbstmordversuche jetzt für Sie nachvollziehbar? Ist es plausibel genug? Oder soll ich mich noch mal für Sie kratzen?«, ereiferte sich Dirk mit wütender Stimme, aber müdem und wirklich verzweifeltem Blick.

Hein und ich schauten Dirk durchaus mitfühlend und verständnisvoll an. Der Junge brauchte aber außer Mitgefühl und Verständnis auch ganz praktische Hilfe, die wir im Augenblick allerdings nicht aus dem Hut zaubern konnten. Wir entschuldigten uns daher einen Moment und hielten medizinischen Kriegsrat. »Der arme Kerl ist am Ende, kann ich auch gut verstehen. Ich denke, hier zu Hause ist er nicht besonders gut aufgehoben«, meinte Hein. »Was schlägst du stattdessen vor?«, fragte ich ratlos. »Kinderklinik. Die behandeln Jugendliche bis 18 Jahre und kennen sich mit Windpocken wahrscheinlich bestens aus«, antwortete Hein. »Wenn du unserem fast volljährigen Dirk sagst, dass er jetzt gleich in die Kinderklinik kommt und die nächsten Nächte in Bärchenbettwäsche schläft, rechne ich nicht mit Begeisterung. Der rennt höchstens zur Besteckschublade und holt wieder sein Tranchiermesser«, gab ich skeptisch zu bedenken. »Hast du eine bessere Idee?«, konterte Hein. Mein nachdenkliches Schweigen war für Hein Antwort genug: »Ich rede mit Dirk, und du klärst telefonisch mit der Klinik, ob einer Aufnahme unseres Patienten irgendetwas im Wege steht.« Damit wandte er sich ab, um mit Dirk zu sprechen.

Mein Telefonat mit der gegebenenfalls aufnehmenden Station im Krankenhaus war von Missverständnissen und Unglauben geprägt. Es dauerte schon eine kleine Ewigkeit, bis ich Stationsschwester Hannelore so weit hatte, mich wenigstens mit dem zuständigen Kinderarzt zu verbinden. Das Gespräch mit Herrn Dr. Lingscheidt verlief dann zwar weniger schwierig, aber auch hier musste ich unsere Situation schon in dramatischsten Farben schildern, bis er bereit war, unseren Patienten zumindest in Augenschein zu nehmen.

»Dirk hat ohne die geringste Gegenwehr zugestimmt. Ich glaube, dem ist alles recht, solange er nicht mehr von seiner Mutter gepudert wird. Was sagt die Klinik?«, fragte Hein, als er wieder aus dem Schlafzimmer trat. »Die haben sich ein wenig gewehrt. Infektion von anderen Patienten, vielleicht Quarantänezimmer nötig, und so weiter. Wir fahren erst mal hin, und ein Herr Dr. Lingscheidt schaut sich unseren Patienten zunächst an. Eine Garantie, dass er aufgenommen wird, gibt es nicht – wir werden sehen, was passiert, wenn wir da sind«, gab ich Rapport.

Im Krankenhaus angekommen, verlief alles wesentlich einfacher als gedacht. Wir blieben zunächst mit unserem Patienten im Rettungswagen, um eine Infektionsverschleppung in die Ambulanz zu verhindern. Herr Dr. Lingscheidt eilte nach unserem Eintreffen zu uns und entschied schnell, dass der Patient aufgrund der Schwere der Infektion und des hohen psychischen Leidensdrucks in der Klinik verbleiben würde. Alle waren erleichtert. Es dauerte eine Viertelstunde, bis wir Dirk auf Umwegen in ein spezielles Krankenzimmer bringen konnten. Dann war der Einsatz für uns beendet, und wir hatten wirklich das Gefühl, geholfen zu haben.

Auf der Wache angekommen, desinfizierten wir nach Rücksprache mit einem Desinfektor unseren Rettungswagen und entsorgten unsere getragene Kleidung in speziellen Wäschesäcken, um dem Infektionsschutz Rechnung zu tragen.

Die nächsten Tage gingen ins Land, Dienst und Freizeit wechselten sich ab, bis ich eines Morgens nicht mit Hein, sondern mit Matthias auf dem Rettungswagen eingeteilt war. »Wo ist Hein?«, fragte ich besorgt. »Krankmeldung – mehr weiß ich nicht«, war die unbefriedigende Antwort. Sofort ließ ich alles stehen und liegen, um mich nach der gesundheitlichen Befindlichkeit meines Lieblingskollegen zu erkundigen. Ich rief Hein auf dem Mobiltelefon an. Es dauerte eine Weile, bis Hein den Anruf annahm: »Was ist los, Alter – gestern unverhofft gefeiert?«, fragte ich provokant. Hein antwortete in ruhigem, aber ernsten Ton: »Nein, mein Freund! Ich war nicht feiern, ich habe mich vor zwei Wochen geirrt. Ich hatte noch keine Windpocken – bis gestern!« Hein war sechs Wochen krank.

19. Notfall

Betriebsausflug

Wehe, wenn sie losgelassen ...

*Ich habe viel von meinem Geld für Alkohol,
Weiber und schnelle Autos ausgegeben ...
Den Rest habe ich einfach verprasst.* George Best

Um den Zusammenhalt aller Kollegen, die miteinander Dienst tun, zu fördern, sind gelegentliche gemeinsame private Aktivitäten eine sinnvolle Sache. Ein Sommerfest am Ufer des nahegelegenen Baggersees oder eine besinnliche Weihnachtsfeier gehören schon genauso selbstverständlich zum Jahresverlauf wie die Neujahrsansprache des Bundespräsidenten und das alljährliche Urlaubschaos in den Sommerferien.

Derartige Feierlichkeiten sind ein extrem wichtiges Ventil, stellen sie doch seltene Gelegenheiten dar, bei denen auch die Intensivsozialpartner, sprich Gattinnen und Lebensabschnittsgefährtinnen von Rettungsdienstlern und Feuerwehrmännern, gemeinsam über ausbleibende Beförderungen und neue Dienstplanmodelle fluchen können. Schnell bildet sich eine »Wir sitzen ja alle im selben Boot«-Mentalität und bei tonnenweise Schnittchen und Bierchen bzw. Printen und Glühwein wird irgendwann nur noch das immer schlechter werdende Benehmen des Gatten diskutiert und festgestellt, dass früher alles besser war.

Die Einsatzkräfte selbst diskutieren derweil in Kleingruppen über Fußball, Formel 1 und Vorgesetzte, die besser Schuhverkäufer geworden wären, oder sie berichten von Großbränden, die heldenhaft bekämpft wurden, bei denen man aber, wie sich erst viel später im Gespräch herausstellen wird, leider dienstfrei hatte. Irgendwann ist es 22:30 Uhr, einige haben am nächsten Tag Dienst, andere sind bereits auf die körperliche Hilfe ihrer Intensivsozialpartnerin angewiesen und so verabschiedet man sich und verabredet gleichzeitig »das nächste Mal« entweder zum kommenden Sommerfest oder zur nächsten Weihnachtsfeier.

Einmal im Jahr reißen sich die Himmelhunde aber auch los und ziehen allein durch die Stadt. Betriebsausflüge dieser Art sind meist von Abenteuer und Verwegenheit geprägt. Floßfahrten, der Besuch eines Klettergartens oder die dreitägige Eroberung einer spanischen Insel sind beliebte, vor Männlichkeit nur so strotzende Varianten solcher Unternehmungen.

Dienstplanerische Unwägbarkeiten sowie eine im Vorjahr komplett geplünderte Kameradschaftskasse ließen dieses Jahr leider nur eine Minimallösung als Betriebsausflug zu. Eine historische Altstadtführung in einer nahe gelegenen geschichtsträchtigen Großstadt mit anschließendem Kneipenbummel stand auf dem Programm. Was harmlos klingt, sollte durchaus spannende Züge annehmen.

Nach anderthalbstündiger Busfahrt war es 16:00 Uhr, als ein 20 Mann starkes Grüppchen auf dem Marktplatz versammelt stand und auf das Eintreffen des gebuchten Stadtführers wartete. Belangloses Geplauder und ein erstes Glas im Stehen auf der Außenterrasse einer lokalen Brauerei überbrückten sinnvoll die Zeit, bis Justus mit einer Viertelstunde Verspätung in historischer Tracht auftauchte. Kurz erklärte er die geschichtlichen Highlights, die uns erwarten würden, und nach einem ersten kleinen Vortrag auf dem Marktplatz setzte sich das wissbegierige Grüppchen in Richtung Stadtmauer in Marsch.

Justus hatte es nicht leicht. Statt ihm die gebührende Aufmerksamkeit zu schenken, wurde er die halbe Zeit wegen seiner Kostümierung veralbert oder von Gerd mit Sätzen wie »Das haben wir bei uns in der Stadt auch ...« demoralisiert. Nach jedem Halt stand flüssige Wegzehrung auf dem Programm und nach der dritten Kirche hatte auch Justus sein Stadtführerethos über Bord geworfen und trank den ersten klaren Schnaps mit uns, den Gerd ihm versöhnlich anboten hatte. Nüchtern konnte und wollte

Justus dieses Grüppchen jedenfalls nicht länger ertragen, und so verlor die Führung bei jedem Halt zunehmend an Ernsthaftigkeit, gewann dafür aber umso mehr an Unterhaltungswert.

Zwischenzeitlich erweckte ein Seniorenpärchen meine Aufmerksamkeit, jedenfalls schnappte ich ein paar amüsante Gesprächsfetzen auf. Von der renovierten Altstadt völlig verzückt, meinte eine ältere Dame himmelhochjauchzend zu ihrem Gatten: »Ach ist das schön hier! Ich könnte hier noch stundenlang rumlaufen!« Der Alte ließ ihr zwei Meter Vorsprung und sprach dann völlig genervt zu sich selbst: »Super! Das heißt, ich muss dir noch stundenlang *hinterher*laufen – scheiß Tagesausflüge!« Dann ergab er sich in sein Schicksal und trottete brav hinter ihr her. Herrlich!

Justus hatte uns inzwischen an einen Brunnen geführt, die gelebte Metapher war einfach zu schön, um hier nicht wenigstens zwei weitere klare Schnäpse sprudeln zu lassen, als die Gruppe gegen 18:00 Uhr streikte und keine weitere Kirche, kein weiteres Geburtshaus von irgendjemand und auch kein weiteres Reiterdenkmal mehr sehen wollte. Justus, vom Schnaps inzwischen schon leicht angeschossen, war für einen Moment enttäuscht, schließlich war er für drei Stunden gebucht, aber als Gerd ihn mit den Worten »Junge, wir brauchen doch einen Führer, ohne dich kommen wir hier nie wieder raus, zieh nur das dämliche Kostüm aus!« väterlich zum gemeinsamen Kneipenbummel einlud, war alles wieder gut.

Hein lotste uns, von einem kleinen Hüngerchen getrieben, in ein nettes kleines Steakhouse, wo er dem Koch eine Lektion in »All you can eat« erteilte, zumindest was gegrillte Spareribs anging. Der Rest von uns frönte anderen Grillerzeugnissen und plünderte die Salatbar. Derart gestärkt, konnte die eigentliche Kneipentour beginnen. Nach kurzer Beratung fiel unsere Wahl auf einen Laden mit dem schönen Namen Grandma's Pub. Die Einrichtung war gemütlich und erinnerte an englischen Kolonialstil, gepaart mit ein wenig Wild-West-Romantik. Das wirklich schlagende Argument war allerdings der unschlagbar günstige Bierpreis, sodass jeder für sich langsam damit begann, die persönlichen Grenzen der flüssigen Nahrungsaufnahme auszutesten. Bruno, der noch ein volles Bierglas in Händen hielt, stoppte per Handzeichen einen der Kellner und bestellte schon mal die nächste Runde. »Mein allerbester Freund, bring uns noch mal 'ne Runde – wir sind hier alle total unterhopft!«, orderte er und fügte sorgenvoll hinzu: »Wir wollen hier doch nicht trockenlaufen!«

So verging die Zeit feucht-fröhlich, bis Gerd irgendwann gegen 21:00 Uhr einen Ortswechsel anmahnte. »Nächster Laden! Sonst heißt es am Ende noch, wir hätten nichts von der Stadt gesehen«, rief er auffordernd und wandte sich dem Keller zu, um die Rechnung zu begleichen.

Wenig später stand ein durchaus angetrunkenes Grüppchen wieder auf dem Marktplatz und war auf der Suche nach der nächsten adäquaten Lokalität. Justus, der inzwischen zum Ehrenbrandmeister ernannt worden war, trug hierbei als einziger Ortskundiger besondere Verantwortung. Nach einer Weile des Nachdenkens verkündete er zwar leicht lallend, aber vielversprechend: »Wir gehen ins Bunte Huhn, da läuft auch ordentliche Mucke!«

Nach wenigen fußläufigen Minuten hatten wir besagten Laden erreicht. Leider zeigte sich, wie so oft im Leben, dass Geschmäcker unterschiedlich sind. Was Justus als »gute Mucke« angekündigt hatte, klang von draußen nach Schlagertrash vom Allerfeinsten. Gerade lief Wolfgang Petrys *Wahnsinn*, und so weigerte sich die Hälfte der Gruppe, den Laden zu betreten. Gerd, der heute den Leitwolf gab, zeigte sich diplomatisch. »Ich halte nicht viel von Gruppenzwang. Wer will, kommt mit ins Bunte Huhn, der Rest macht, was er will! Es wird ja noch mehr Kneipen in der Nähe geben. In zwei Stunden treffen wir uns alle am Busbahnhof, dann ist Rückfahrt angesagt – verstanden?«, verkündete er. Allgemeines Nicken zeigte Zustimmung und so betraten wir wenige Augenblicke später zu neunt das Bunte Huhn. Begleitet von Christian

Anders' *Es fährt ein Zug nach nirgendwo* ließ ich den Laden auf mich wirken.

Reizüberflutung! Der Begriff beschreibt vielleicht am ehesten meinen Eindruck der ersten Minuten. Nikotingelbe Fotos irgendwelcher C-Promis, die sich irgendwann mal in den Laden verirrt hatten, plakatierten die Wände. Überall hingen bunte Girlanden, Luftschlangen und Luftballons. »Samenerguss« und »Knieschuss« waren die Namen der Happy-Hour-Cocktails. Eine überdimensionierte Nebelmaschine versetzte den Laden von Zeit zu Zeit ins herbstliche London und ein DJ, dem das Koks noch unter der Nase hing, mischte den Schlagersound, während leicht bekleidete Damen mit überdurchschnittlicher Oberweite die Bedienung der Gäste übernommen hatten. Apropos Gäste, diese sind schnell beschrieben – circa 150 willige Weiber und notgeile Böcke von Mitte 20 bis Mitte 50.

In diesem Schmelztiegel aus Lloret de Mar, Ballermann und Goldstrand boxte der Papst im Kettenhemd. Die Stimmung war mehr als ausgelassen und niemand beschwerte sich über ein Bier im Ausschnitt, als *Tränen lügen nicht* von Michael Holm gerade endete und der DJ ohne Übergang einen kleinen Wettbewerb ausrief. Für einen gelungenen Striptease zum schönen Lied *You can leave your hat on* von good old Joe Cocker gab es fünf Liter Bier im Selbstzapfglaszylinder zu gewinnen. Karl und Sven aus unserer Gruppe kannten kein Halten mehr. Die beiden eroberten unsanft einen Boxenturm, auf dem bis jetzt ein Pärchen zur Schlagermusik geschwoft hatte, und zeigten dem DJ gestenreich und unmissverständlich, dass er jetzt die Musik starten könne. »Baby take off your coat real slow ...« Die ersten Takte der Musik ertönten, und während Karl bisher nur vollkommen betrunken versuchte, Joe Cocker zu imitieren, hatte Sven schon kein Hemd mehr an. Das Gefühl von Fremdschämen ergriff mich. Unter Gegröle und Buh-Rufen wandte ich mich ab und suchte Hein, um ihm mein Herz auszuschütten. Der hatte sich jedoch auch schon die Muttersprache versoffen, und daher bestellte ich aus purer Solidarität erst mal einen Long Island Ice Tea und ließ mich auf einen vom Bier klebrigen Hocker sinken.

Karl und Sven gewannen kein Bier. Maßgeblich lag es daran, dass Sven schlicht und ergreifend von der Box heruntergefallen war und zunächst regungslos liegen blieb. Es dauerte zehn Sekunden, dann schüttelte er sich und wollte wieder auf die Box klettern, woran Karl ihn aber in einem Anflug von Vernunft hinderte. »Besoffene und kleine Kinder haben immer Glück!«, stellte Roland gelassen fachmännisch fest, als Gerd langsam damit begann, seine Schäfchen einzusammeln. »So, Jubel, Trubel, Heiterkeit ist zu Ende! Wer hat an der Uhr gedreht? – Es wird Zeit, wir rücken ab!«, raunte er jedem, der ihm noch bekannt vorkam, zu, wobei er mindestens fünf Leute ansprach, die unsere Heimreise nicht das Geringste angingen. Ein gelungener feucht-fröhlicher Ausflug ging zu Ende und ein Grüppchen von ungefähr 20 Mann torkelte langsam Richtung Busbahnhof.

Der Busfahrer, der seit dem Nachmittag auf uns wartete, ertrug souverän die nun folgende Gesamtsituation. Er machte zwar kein begeistertes Gesicht, als die angetrunkene Bande seinen Bus bestieg, man hatte aber auch nicht den Eindruck, dass er sich besonders über verschiedene Verhaltensmuster wunderte. Sascha zum Beispiel stieg immer wieder vorn in den Bus ein, um an der hinteren Tür wieder auszusteigen. Er wiederholte diesen Rundlauf circa 15-mal, während Matthias beim Versuch, sich die Schuhe zuzubinden, einfach vor dem Bus umfiel. Er trug übrigens Cowboystiefel. Alles in allem war die Truppe ziemlich angezählt und es brauchte geschlagene zehn Minuten, bis der Kummer gewohnte Busfahrer endlich starten konnte.

Die Rückfahrt verlief bei mittlerweile schon gewohnter Schlagermusik friedlich bis spaßig. Es gab keine größeren Zwischenfälle, aber die noch halbwegs Nüchternen beurteilten die vollkommen Besoffenen nach der »Glasgow-Coma-Scale«, einem

Bewertungsmaßstab für neurologische Ausfälle und Bewusstseinsstörungen bei Notfallpatienten. Die Skala bewertet das spontane Öffnen der Augen, die verbale sowie die motorische Reaktion und vergibt anschließend Punkte. Nachdem nach diesem Maßstab aber mindestens drei Kollegen beatmet auf eine Intensivstation gehörten, brach Gerd das etwas makabere Spielchen ab und verteilte an diejenigen mit erhaltenem Schluckreflex einen Absacker in kleinen handlichen grünen Fläschchen.

Es dauerte noch zwei weitere Absacker, bis unser Bus endlich auf den Hof der Wache rollte und die versammelte Bagage das Transportmittel verließ. Einige wurden von den bereits eingangs erwähnten Intensivsozialpartnerinnen abgeholt, teils harmonisch, teils weniger harmonisch, andere schafften es zu Fuß nach Hause und wieder andere hatten in weiser Voraussicht in einer leer stehenden Fahrzeughalle ein paar Feldbetten vorbereitet. Es hatte etwas von der Romantik eines Schlafsaals in einer Jugendherberge, als ungefähr zehn Rettungssanitäter und Rettungsassistenten schnarchend im Schlafsack dahindämmerten und sich auf den Feldbetten einen ernst zu nehmenden Haltungsschaden zuzogen.

Gegen 03:00 Uhr wurde Hein unvermittelt wach, er verspürte das Gefühl von Hunger. Leise stand er auf, zog sich ein T-Shirt über und schlurfte, ansonsten nur mit Shorts und Badelatschen bekleidet, ins Wachgebäude, um seinen Spind zu plündern, in dem mit Sicherheit noch etwas Essbares zu finden war.

Auf dem Weg zu seinem Küchenspind musste Hein zwangsläufig am Raucherfernsehraum vorbei. Er war irritiert, denn durch einen Spalt zwischen Boden und Tür fiel Licht und auch Stimmen waren wahrnehmbar. Normalerweise herrschte um diese Uhrzeit im Wachgebäude strikte Nachtruhe, von Männern mit Hungergefühl oder zu kleiner Blase mal abgesehen. Später berichtete Hein, dass er nur nachsehen und gegebenenfalls das Licht ausschalten wollte, er jedoch im Fernsehraum dann einen völlig aufgebrachten Philip antraf, der den laufenden Fernseher verfluchte.

»Was ist denn mit dir los?«, fragte Hein den immer noch Fluchenden. Philip saß, nur mit Unterhosen bekleidet, im Sessel, gestikulierte mit der linken, und hielt sein Mobiltelefon in der rechten Hand. Er erschrak fürchterlich, als Hein ihn ansprach. »Ich, ich, ich konnte nicht schlafen, da wollte ich, da wollte ich noch ein wenig Fernsehen gucken«, stammelte Philip.

»Da hat ja auch keiner etwas dagegen, aber warum beschimpfst du die Bikinibraut im Fernseher als dämliche Hippe und geldgeile Schlampe?«, fragte Hein interessiert. »Weil die blöde Kuh mir die ganze Zeit erklärt, die Leitungen wären frei, dann ruft man an und nix ist! Dabei kenne ich die Lösung ganz genau! Die Alte will mich verarschen, aber nicht mit mir!«, erklärte Philip wütend und vom Alkoholkonsum der letzten Stunden immer noch gezeichnet. Erst jetzt fiel Hein auf, dass Philip eine sogenannte Call-in-Sendung schaute. Eine vollkommen deplazierte, leicht bekleidete Blondine fragte immer wieder nach Tieren mit dem Anfangsbuchstaben G und animierte die nächtlichen Zuschauer anzurufen, der Countdown würde laufen, die Lösung sei nah, die Sendung gleich vorbei etc.

Hein schaute verdutzt zwischen Fernseher und Philip hin und her: »Wie lange schaust du die Sendung schon?«, fragte er schließlich. »Na, so ungefähr zwei Stunden. Zuerst habe ich gedacht, die arme Frau, keiner ruft an, alle lassen sie im Stich mit ihrem Rätsel, aber dann habe ich alles durchschaut«, antwortete Philip, während er auf seinem Mobiltelefon herumdrückte. »Und wie oft hast du versucht anzurufen?«, fragte Hein weiter. »Na die ganze Zeit, schließlich kenne ich die Lösung von Anfang an! Man muss nur hartnäckig bleiben, ich lasse mich doch durch deren Ignoranz nicht abwimmeln. Ich bin ja kein Schwachkopf!«, war Philipps selbstsichere Antwort.

Hein hatte Mitleid, er legte Philip, der inzwischen aus dem Sessel aufgestanden war, einen Arm über die Schulter: »Vielleicht gab es ein technisches Problem und du bist deshalb nicht durchgestellt

Erst jetzt fiel Hein auf, dass Philip eine sogenannte Call-in-Sendung schaute. Eine vollkommen deplatzierte, leicht bekleidete Blondine fragte immer wieder nach Tieren mit dem Anfangsbuchstaben G.

worden. Ich bringe dich jetzt erst mal ins Bett und wir reden dann morgen noch mal über das Ganze. Was hältst du davon?«, fragte Hein väterlich, ohne eine Antwort zu erwarten, und führte Philip aus dem Fernsehraum hinaus in Richtung Feldbettenlager.

Auf dem Hof, vor der zum Schlafsaal umfunktionierten Fahrzeughalle, wurde er dann gemeinsam mit Philip Zeuge eines weiteren nächtlichen Zwischenfalls. Ein Taxi brauste hupend und aufblinkend auf den Hof und weckte sowohl die im Dienst befindliche Wachbesatzung als auch den sich ausnüchternden Mob. Das Taxi kam zum Stehen, und aus der Beifahrerseite fiel Max heraus. Sofort herrschte Unruhe auf dem gesamten Wachgelände.

Der Versuch, mich zu erinnern, wann ich Max zuletzt gesehen hatte, brachte nur diffuse Bilder der Stadtführung zutage. »War Max überhaupt bei der Rückfahrt im Bus?«, fragte ich einen Kollegen, ohne eine Antwort zu erhalten. Es half nichts, die Neugierde siegte und so kletterte ich gemeinsam mit anderen Kollegen verkatert aus dem Feldbett, um zu sehen, was draußen auf dem Hof vor sich ging.

»Ich gab der Welt meine Tränen – nun schenkt sie mir ihre Blumen«, sang Max lauthals, aber schief und schräg über den Hof, während er versuchte, ein Dosenbier nicht komplett zu verschütten. »Wo kommst du denn jetzt her?«, fragte Gerd, der inzwischen ebenfalls aufgestanden war, mehr als erstaunt. »Ihr habt mich vergessen! Einfach zurückgelassen! Hat mal jemand 220 Euro für das Taxi?«, fragte Max vorwurfsvoll fordernd, in der Hoffnung, ein schlechtes Gewissen hervorzurufen. Es brach Jubel aus. Wir hatten Max zwar bisher nicht vermisst, aber einige Kollegen feierten Max, als ob gerade ein seit Jahren verschollenes Mitglied einer Nordpolexpedition wieder aufgetaucht sei. Indes sammelte Gerd bei den Anwesenden 220 Euro, um wenigstens absehbaren Stress mit dem Taxifahrer zu vermeiden.

Hier endet abrupt der amüsante Teil der Geschichte. Herr Schoppmann, der Leiter unserer Feuer- und Rettungswache, hatte ebenfalls Nachtschicht und war unfreiwillig erwacht. Sein Erscheinen endete in einem längeren von Vorwürfen geprägten Vortrag, bevor er uns wie kleine Jungen wieder ins Bett schickte.

Der nächste Betriebsausflug war ein Besuch auf einem nahe gelegenen Minigolfplatz und endete um 19:00 Uhr.

20. Notfall

Falscher Alarm

Nicht jeder Notruf verdient auch seinen Namen

Irrtümer haben ihren Wert, jedoch nur hie und da!
Nicht jeder, der nach Indien fährt, entdeckt Amerika.
Erich Kästner

Notrufe, die sich im Nachhinein als unnötig erweisen, gehören zum Geschäft, darüber sollte sich jeder Feuerwehrmann und auch jeder Rettungsassistent im Klaren sein. Die Gründe hierfür sind vielfältig. Irrtum, Naivität oder auch Böswilligkeit der Mitmenschen führen manchmal dazu, dass die Kollegen Einsätze erleben, die die Welt nicht braucht.

Eine Brandmeldeanlage in einer Schule hatte Alarm geschlagen, und so war der Löschzug Nord auf dem Weg, um die Sachlage zu erkunden und gegebenenfalls Rettungs- und Löschmaßnahmen einzuleiten. Schon auf der Anfahrt wurde klar, dass es sich um eine sogenannte böswillige Alarmierung handelte. Ein Schüler der zwölften Klasse hatte einen Weg gefunden, die heutige Mathematikprüfung kurzfristig zu verschieben; ihm war allerdings nicht klar, welche Kosten er damit verursachte und wie lange er brauchen würde, um sie zurückzuzahlen.

Im Anschluss gehörte unsere Aufmerksamkeit einem Baum, der auf eine Straße gestürzt sein sollte. Ungewöhnlich genug, denn es herrschte weder Starkwind noch Orkan an diesem sonnigen Vormittag im Februar. Der Baum stellte sich dann auch schnell als abgebrochenes Ästchen heraus, das bequem von einem Kollegen in den Straßengraben gezogen werden konnte. Ein herbeieilender Anwohner, der selbstverständlich nicht die Feuerwehr alarmiert hatte, bat uns, doch kurz eine überflüssige Tanne in seinem Garten zu fällen, wir wären ja eh gerade schon mal hier und hätten im Augenblick doch sicher auch nichts

Wichtigeres zu tun. Überflüssig zu erwähnen, dass seiner Bitte nicht entsprochen wurde.

Während der Mittagsstunden beseitigten wir dann die Spuren eines misslungenen Ölwechsels im öffentlichen Verkehrsraum; übrigens auch kein billiger Spaß für den Halter des getunten Kleinwagens, und kurz danach erklärten wir einer circa 30-jährigen Dame, dass die Abluft einer Heizungsanlage, die auf einer gegenüberliegenden weißen Hausfassade einen dunklen Schatten aufsteigen ließ, kein Brandrauch sei.

Es war einer dieser Tage, an denen jede Bagatelle, jede Lappalie die nächste Überflüssigkeit überbietet. Rettungskräfte ergötzen sich nicht am Unglück und Leid anderer Menschen, aber hier und da muss es auch Einsätze geben, die eine gewisse Herausforderung darstellen, die das hohe Maß an Ausbildung und Qualifikation abrufen. Ansonsten drohen Müßiggang und Routine, und beides kann unter Umständen im Ernstfall gefährlich werden.

Ein solch fordernder Einsatz folgte prompt. Der bisher eher frustrane Tagesverlauf nahm plötzlich eine dramatische Wendung. »Berliner Straße im Industriepark, Höhe Hausnummer 100, dort Verkehrsunfall, eine schwer verletzte Person, vermutlich im Pkw eingeklemmt«, lautete die Alarmierung über Funk. Sofort wich die Lethargie, die sich aufgrund der bisher eher unspektakulären Einsätze breitgemacht hatte, einer konzentrierten Anspannung. Der Adrenalinspiegel stieg an und jeder bereitete sich im Geiste auf seine Aufgabe in der bevorstehenden Einsatzsituation vor. Einsatzstelle absichern, Person befreien und medizinisch versorgen, Brandschutz sicherstellen, auslaufende Betriebsstoffe wie Benzin oder Öl aufnehmen, dies und noch viel mehr sollte am besten gleichzeitig bzw. perfekt ineinandergreifend ablaufen, um am Ende auf einen erfolgreichen Einsatz zurückblicken zu können.

Noch ungefähr eine Minute Fahrzeit, dann würden wir den Ort des Geschehens erreichen. Frank, unser Fahrer, bog in die Berliner Straße ein, orientierte sich an den Hausnummern, hielt an und schaute verwirrt hin und her: »Wir sind auf Höhe Hausnummer 100, aber hier ist nichts. Weit und breit keine Spur von einem Unfall.«

Die Straße war weit einsehbar und tatsächlich gab es nicht die geringsten Anzeichen für einen Verkehrsunfall, erst recht nicht für einen schweren Unfall mit Personenschaden. Weder gab es Schaulustige noch Autowracks noch sonst irgendetwas Auffälliges. Es herrschte ganz normaler Verkehrsfluss, das einzige Hindernis waren wir selbst. Noah, unser Zugführer, sprach über Funk mit der Leitstelle. »Seid ihr sicher, dass wir in der richtigen Berliner Straße sind?«, fragte er, um Missverständnisse auszuschließen, schließlich gab es den Straßennamen »Berliner Straße« mindestens dreimal in unserer Stadt. »Wir hören noch mal das Band ab«, war der sparsame Kommentar der Leitstelle. Für eine Minute herrschte Ruhe am Funk, derweil standen wir mit laufendem Blaulicht am Straßenrand und waren zunächst zur Untätigkeit verurteilt.

Nach einer gefühlten Ewigkeit meldete sich der zuständige Disponent: »Erkundet mal die Umgebung, die Örtlichkeit ist richtig. Trotzdem ist das Ganze nicht vollkommen klar. Der Notruf kam von einer Dame aus einem Servicecenter eines Automobilherstellers 400 Kilometer von hier entfernt. Die Gute hat irgendetwas von automatischen Notrufsystemen erzählt. Wie gesagt, erkundet mal die Umgebung«, erklärte der Leitstellendisponent, ohne uns wirklich weiterzuhelfen. »Na gut! Dann kreisen wir die Einsatzstelle eben ein«, sprach Noah und gab Frank Anweisung, die umliegenden Straßen abzufahren.

Wir fuhren kreuz und quer durch das Industriegebiet auf der Suche nach beschädigten Fahrzeugen, als wir wenig später erneut an der Berliner Straße 100 vorbeifuhren. Am Straßenrand stand jetzt ein fast kleinwüchsiger Mann in einem viel zu großen blauen Kittel, der sich zaghaft bemerkbar machte. Ein bisschen erinnerte er an einen Schuljungen, der im Unterricht zwar schüchtern aufzeigt, aber hofft, vom Lehrer übersehen zu werden.

In wirklichen Notfallsituationen kann ich Ihnen nur wärmstens empfehlen, sich eindeutig bemerkbar zu machen, zum Beispiel durch deutliches Winken oder lautes Rufen. Man sieht Ihnen einfach nicht an, dass Sie die Feuerwehr alarmiert haben, wenn sie teilnahmslos am Straßenrand stehen und dem vorbeifahrenden Blaulicht romantisch hinterherschauen.

»Meint der uns?«, fragte Noah mürrisch. »Denke schon«, antwortete Frank knapp und brachte das Löschfahrzeug zum Stehen. »Können wir Ihnen helfen?«, fragte Noah mit höflicher Ungeduld. »Ich glaube, ich kann Ihnen weiterhelfen. Sie suchen doch einen Unfall, oder?«, antwortete der Kittelträger fast ängstlich fragend. »Ja, genau!«, bestätigte Noah mit sich hebender Stimme. »Dann fahren Sie doch bitte durch diese Toreinfahrt auf den Innenhof, da kann ich Ihnen dann alles erklären«, bat der Herr mit leicht gesenktem Kopf und sorgenvollem Gesichtsausdruck.

Es war anscheinend irgendetwas schiefgelaufen und nun hatte er wohl die Befürchtung, die Suppe auslöffeln bzw. die Verantwortung übernehmen zu müssen. Als wir auf den Hof fuhren, war die Situation fast selbsterklärend. Wir befanden uns in einer Art Testzentrum. Eine Nobelkarosse war per Schlitten gegen einen Betonwürfel katapultiert worden und nun waren diverse Techniker, die ebenfalls alle blaue Kittel trugen, damit beschäftigt, das Wrack zu untersuchen. Es gab sogar eine schwerverletzte Person, Gott sei Dank bestand diese aus Kunststoff, sodass die hohen Weihen der modernen Notfallmedizin überflüssig erschienen.

»Lassen Sie mich raten«, begann Noah. »Sie spielen hier TÜV, ADAC, Stiftung Warentest oder sonst irgendwas. Sie haben für irgendeine Firma ein paar Crashtests durchgeführt, aber vergessen, das automatische Notrufsystem auszuschalten bzw. das Servicecenter zu informieren, dass heute mal nicht scharf alarmiert wird. Stimmt das so in etwa?«, vollendete Noah süffisant seine Vermutung. Der kleine Mann nickte als Zeichen der Bestätigung und fügte dann noch kleinlaut hinzu: »Wir testen genau diese Notrufsysteme – entschuldigen Sie die Umstände, aber im Prinzip hat ja alles wunderbar funktioniert. Sogar noch realistischer als geplant. Nochmals Entschuldigung für die Umstände.« – »Schon in Ordnung. Der Einsatz passt zum Rest des Tages!«, antwortete Noah mit einer gewissen Resignation und setzte sich wieder auf den Beifahrersitz des Löschfahrzeugs.

Wenig später, zurück auf der Wache, trafen wir die Kollegen des Rettungsdienstes. Gemeinsam tranken wir eine Tasse Kaffee, um dabei die Einsatzerfahrungen der letzten Stunden auszutauschen. Auch die Herren der Notfallmedizin hatten Spannendes zu berichten.

Der erste Einsatz des Tages drehte sich um eine 23-jährige Blondine, die über akuten Haarausfall klagte. Auf Heins Frage »Das meinen Sie doch jetzt nicht ernst, oder?« hielt die vermeintliche Patientin, noch im Türrahmen stehend, wortlos eine haarige Bürste in die Höhe. Unnötig zu erwähnen, dass die eigentliche Haarpracht der jungen Dame augenscheinlich keine nennenswerten Fehlbestände aufwies. Hein war ratlos und auch ein wenig perplex. Die Naivität, mit der hier der Rettungsdienst alarmiert worden war, nagte an seiner Beherrschung. Hein atmete tief durch und entschied sich dann für aufklärende Worte: »Gute Frau, Haarausfall, bzw. Ihre subjektive Wahrnehmung davon, mag für Sie eine dramatische Sache sein, aber alle möglichen Ursachen wie Hormonstörungen, Mangelernährung oder übertriebene Pflege und was weiß ich noch gehören nicht in den Bereich der Notfallmedizin. Sie haben den Rettungsdienst gerufen! Blaulicht! Tatütata! Ich kann aber rein gar nichts für Sie tun, verstehen Sie?«, erklärte er, auf Einsicht hoffend. »Na gut, macht ja nix. Dann geh ich eben gleich zum Friseur«, antwortete die Blondine trocken und knallte Hein die Türe vor der Nase zu.

Hein hatte eine Weile gebraucht, um den Einsatz zu verdauen, ahnte aber noch nicht, dass der nächste Notfall nicht viel sinn-

»Das meinen Sie doch jetzt nicht ernst, oder?«

voller sein würde. Wenigstens floss diesmal Blut. Der Patient, ein 39-jähriger Student der Geschichte, hatte sich in Abwesenheit seiner Mutter in die Hand geschnitten. Die Bearbeitung eines Baguettes mit einem Brotmesser hatte den angehenden Historiker ganz offensichtlich überfordert. Die Innenseite seiner Handfläche war geringfügig von den Zacken des Messers berührt worden, sodass ein paar Tropfen des roten Lebenssaftes auf die weißen Fliesen des Küchenbodens fielen.

Der Blutverlust machte dem Herrn allerdings weniger Sorgen, vielmehr glaubte er an einen schnellen Tod durch eine nun zwingend auftretende Blutvergiftung, schließlich hatte er mit demselben Messer gestern noch rohen Fisch bearbeitet. Hein legte, innerlich kopfschüttelnd, einen sterilen Verband an. Anschließend empfahl er zwecks Tetanusprophylaxe einen kleinen Spaziergang zum circa 200 Meter entfernten Krankenhaus, wo man im Fall der Fälle auf die bevorstehende Blutvergiftung eh besser vorbereitet wäre.

Zurück im Rettungswagen, schrieb Hein die Einsatzdokumentation und führte zeitgleich wieder einmal einen Monolog über Sinn und Unsinn von Notrufen und dass es unglücklicherweise niemanden gäbe, der der Bevölkerung erkläre, was der Rettungsdienst leisten kann und was nicht, als er auch schon per Funk zum nächsten Einsatz gerufen wurde.

»Fahrt mal zur Schlossklinik, erfolgreiche Reanimation, es geht um den Transport in die weiterbehandelnde Klinik, zu euch stößt noch der Notarzt der Südwache!«, wies der Leitstellendisponent die Besatzung an.

Zum besseren Verständnis möchte ich an dieser Stelle dem geneigten Laien kurz die Begebenheiten und weiteren Einsatzabläufe erläutern. In der hiesigen Schlossklinik werden hauptsächlich Sportverletzungen und subjektiv zu klein empfundene Brüste behandelt, vielleicht wird auch mal etwas Fett abgesaugt, aber das war es dann auch schon mit den medizinischen Wundertaten. Dass in diesem Haus eine Reanimation stattgefunden hatte, noch dazu erfolgreich, war schon seltsam genug. Keinesfalls war man in der Schlossklinik darauf eingerichtet, einen dieserart instabilen Patienten intensivmedizinisch weiterzuversorgen. Darauf waren andere Krankenhäuser spezialisiert und die fachmännische Verlegung in ein solches Haus war nun Aufgabe des Rettungsdienstes.

Wenige Minuten später erreichten der Rettungswagen und das Notarztfahrzeug die Schlossklinik. Dr. Kroll betrat bereits gemeinsam mit seinem Assistenten den Eingangsbereich, als Hein und Matthias noch EKG, Beatmungsgerät und Spritzenpumpen auf die Trage packten. Mit einigen Sekunden Verzögerung erreichten auch die beiden den in Marmor und Edelstahl gehaltenen Empfangsbereich und fanden die Kollegen in eine lebhafte Diskussion verwickelt. Hinter einem Tresen stand eine hübsche, gut gebräunte Schwarzhaarige, deren zu kleine weiße Oberbekleidung tiefe Einblicke bis zum Bauchnabel gewährte. Die offensichtlich hauseigenen Produkte wurden werbewirksam ausgestellt, änderten aber nichts daran, dass die Gute keine Ahnung hatte.

»Sie wollen mir sagen, in Ihrem Haus sei gerade jemand dem Tod von der Schippe gesprungen und Sie wüssten nichts davon?«, donnerte Dr. Kroll. Ein schüchternes Achselzucken, das parallel eine relativ statische Aufwärtsbewegung des Kunststoffdekolletés zur Folge hatte, war die wortlose Antwort. »Dann rufen Sie wenigstens den diensthabenden Anästhesisten oder Chirurgen, oder was weiß ich, wer hier in diesem Schönwetterkrankenhaus Ahnung hat!«, forderte Dr. Kroll in ungeduldigem Tonfall von der medizinisch ahnungslosen Empfangsdame.

Diese gab sich auch sofort die größte Mühe und alarmierte alle möglichen Pieper und Funkmelder, in der Hoffnung, dass sich möglichst schnell ein Arzt meldete, der von irgendetwas wusste. In der Zwischenzeit telefonierte Dr. Krolls Assistent mit der Leitstelle, um peinliche Verwechslungen auszuschließen. Es macht nun mal keinen schlanken Fuß, wenn man erst recht heftig an allen Türen klopft, um dann festzustellen, dass man in der falschen Schlossklinik ist. Das Gespräch mit der Leitstelle verlief aber äußerst eindeutig und informativ. Beim nochmaligen Abhören des Notrufs (jeder Notruf wird aufgezeichnet) hatte man auf den Namen des Anrufers geachtet und neben Schlossklinik und OP-Bereich auch ein aufgeregtes »Dr. Deimler« vernommen.

Der Notarztassistent hatte seinen Wissensvorsprung noch nicht ganz weitergegeben, da herrschte Dr. Kroll auch schon wieder die Medizinhostess hinter dem Tresen an: »Wer verdammt ist Dr. Deimler und wo verdammt ist Dr. Deimler, besorgen Sie mir verdammt noch mal Dr. Deimler!«, ereiferte er sich mit fast überschlagender Stimme.

Was unhöflich und unprofessionell erscheinen mag, war im Grunde das genaue Gegenteil. Wir und vor allem der Patient haben keine Zeit. »Erfolgreiche Reanimation« klingt toll, ist aber nur der erste Schritt, um eventuell Wochen später ein Krankenhaus auf den eigenen Füßen zu verlassen. Nur ungern möchte ich Sie, lieber Leser, desillusionieren, aber das mit den eigenen Füßen gelingt längst nicht jedem, ganz egal, wie erfolgreich reanimiert wurde. Für bestimmte Behandlungen nach einem solchen Ereignis gibt es nur enge Zeitfenster, ein stabiler Kreislauf muss kontinuierlich aufrechterhalten werden, eine ausreichende Sauerstoffversorgung muss sichergestellt sein, da hilft es langfristig nichts, wenn ein bisschen wiederbelebt wird. Wiederbelebungen sind sinnvoll, aber sie ersetzen die körpereigenen Funktionen Atmung und Kreislauf nur minimal. Den Rettungsdienst zu alarmieren und einen schnellen Transport in eine geeignete Zielklinik zu organisieren ist genauso wichtig wie Herzdruckmassage und Beatmung.

Dr. Kroll verlor langsam die Geduld und wollte gerade wieder verbal über die attraktive Pförtnerin herfallen, als sich hinter ihm die Edelstahltüren eines Aufzugs öffneten. Heraus trat Dr. Deimler, zumindest stand dieser Name auf einem goldenen Schildchen am Kragen seines grünen OP-Hemdes. Mit »Häuflein Elend« wäre er noch schmeichelhaft beschrieben gewesen. Die Furcht vor dem, was kommen könnte, war ihm ins Gesicht geschrieben. Seine Körperhaltung verriet Scham und entsprach einem Sack Muscheln. »Es ist alles meine Schuld!«, teilte er mit, ohne jemandem wirklich ins Gesicht zu sehen.

Hein und Dr. Kroll schauten ihn fragend an, als Matthias das Wort ergriff. »Guter Mann, nehmen Sie es sich nicht zu Herzen, wir haben alle schon Patienten verloren – kein gutes Gefühl, aber leider gehört es zu unserem Beruf«, sprach er einfühlsam. »Nein, nein, folgen Sie mir, es ist alles ganz anders!«, antwortete Dr. Deimler und vollzog eine einladende Handbewegung in Richtung der offenen Aufzugtür. Mit fragenden Blicken folgten Hein, Dr. Kroll und Matthias und betraten die Kabine des Fahrstuhls. Niemand sagte etwas und die Spannung war mit Händen zu greifen, als das Häuflein Elend die Taste zum zweiten Stock betätigte und sich die Türen des Aufzugs schlossen.

»Es ist mir so peinlich!«, sagte Dr. Deimler berührt, als sich die Türen wieder öffneten und das Grüppchen den OP-Trakt der Schlossklinik betrat. Dr. Deimler ging voraus, öffnete eine Tür und im selben Moment hatten meine Kollegen eine Ahnung, was geschehen war.

Vor ihnen lag auf einem OP-Tisch eine moderne Simulationspuppe, wie sie für das Training von Notärzten und Rettungsassistenten verwendet wird. Diese computergesteuerten Puppen sind in der Lage, komplexe Notfallszenarien wiederzugeben und sogar auf die Behandlung von Rettungskräften positiv oder negativ zu reagieren. Zunehmend finden diese Simulatoren auch in der klinischen Aus- und Fortbildung Verwendung und anscheinend hatte heute Dr. Deimler seinen Meister gefunden.

»Wir haben ein Wiederbelebungstraining durchgeführt, nur für den Fall der Fälle, in unserem Haus haben wir ja keine wirklich Kranken, aber man kann ja nie wissen. Gott, sind diese Puppen heute realistisch. Ich hatte alles richtig gemacht, ich hatte an alles gedacht, irgendwann war ich so im Geschehen gefangen, dass ich tatsächlich den Notruf gewählt habe. Nicht weil ich dachte, die Puppe steht gleich auf, nein, so weit war ich schon noch bei mir, aber ich wollte alles perfekt bis zum Ende durchspielen. Ich habe wirklich nicht mehr gemerkt, dass ich die reale Leitstelle angerufen habe, ich habe gedacht, die Leitstelle gehört mit zum Notfallszenario, die Herzklinik habe ich ja auch noch alarmiert, die standen auch schon Gewehr bei Fuß – hoffentlich muss ich das nicht alles selbst bezahlen, der ganze Aufwand, es tut mir so leid«, berichtete Dr. Deimler fast schluchzend.

»Verbuchen wir das Ganze als das, was es war – eine Übung!«, sprach Dr. Kroll versöhnlich und ging, ohne sich noch einmal umzuschauen, Richtung Aufzug.

Unsere gemeinsame Tasse Kaffee hatte auch einen gemeinsamen Tenor. Was Notrufe angeht, bleibt es beim Grundsatz: Lieber einmal zu viel als einmal zu wenig! Es ist und bleibt für Feuerwehr und Rettungsdienst Herausforderung und Selbstverständlichkeit zugleich, wider besseres Wissen jedem Notruf so zu begegnen, als stünde ein Menschenleben oder ein anderes hohes Gut auf dem Spiel. Denn Irren ist menschlich.

DANK

Ohne vielfache Unterstützung wäre dieses Buch niemals möglich gewesen. Mein Dank gilt meiner gesamten Familie für ihre mitreißende Begeisterung. Meiner Marion für die unendliche Geduld und die Freiheit, die du mir schenkst. Meinem Hund Balu für die notwendigen Pausen und tierische Inspiration. Christoph Eiden für den stetigen Kampf mit meiner innovativen Kommasetzung. Gerd Breuer und Mathias Kirmse für wichtige Rückmeldungen.

Insbesondere gilt mein Dank dem gesamten Schwarzkopf & Schwarzkopf Verlag, bei euch bin ich wirklich in den besten Händen. Herzliches Dankeschön auch an die Firmen BALTES Schuhtechnik sowie S-GARD Schutzkleidung für die freundliche Unterstützung bei der Realisierung des Buchcovers.

SCHWARZKOPF & SCHWARZKOPF

SCHAUEN SIE SICH MAL DIESE SAUEREI AN

DIE ERWEITERTE UND ILLUSTRIERTE HARDCOVERAUSGABE DES SPIEGEL-BESTSELLERS!

SCHAUEN SIE SICH MAL DIESE SAUEREI AN
23 WAHRE GESCHICHTEN VOM LEBENRETTEN
Von Jörg Nießen. Mit Zeichnungen von Jana Moskito
264 Seiten, Hardcover mit Schutzumschlag
ISBN 978-3-86265-052-1 | Preis 19,95 €

»Jörg Nießen ist Feuerwehrmann und arbeitet seit 15 Jahren als Rettungsassistent. In seinem Buch erzählt er von seinen spannendsten Fällen – wahre Geschichten, die uns die Facetten des täglichen Lebens (und Sterbens) näherbringen.« Bild.de

»Seit zwölf Jahren fährt Jörg Nießen Einsätze im Rettungswagen – bei aller Dramatik gibt es dabei auch viel zu lachen. 20 dieser Geschichten hat er zusammengetragen und veröffentlicht.« Westdeutsche Zeitung

»Man muss dem Totengräber ja nix schenken! Ein Sanitäter erzählt, was er im Einsatz so alles zu hören und zu sehen bekommt.« Berliner Kurier

»In dem Buch schildert der 36-Jährige seine skurrilsten Fälle.« Express Köln

WWW.SCHWARZKOPF-SCHWARZKOPF.DE

SCHWARZKOPF & SCHWARZKOPF

SCHAUEN SIE SICH MAL DIESE SAUEREI AN

23 WAHRE GESCHICHTEN VOM LEBENRETTEN –
DAS HÖRBUCH ZUM SPIEGEL-BESTSELLER, GELESEN VOM AUTOR

SCHAUEN SIE SICH MAL DIESE SAUEREI AN
23 wahre Geschichten vom Lebenretten –
Das Hörbuch zum SPIEGEL-Bestseller,
gelesen vom Autor Jörg Nießen
5 CDs, Laufzeit ca. 320 Minuten
ISBN 978-3-86265-053-8 | Preis 19,95 €

Insiderinformationen aus dem Alltag des Rettungsdienstes: kurzweilig und witzig verpackt! – Jetzt auch als Hörbuch, gelesen vom Autor Jörg Nießen

»*Rettungsdienst in Deutschland: Das ist nicht Landarzt oder Medicopter 117. Im Alltag des Notfallretters konkurrieren bizarre Lappalien und haarsträubende Notfälle miteinander. Jörg Nießen ist Feuerwehrmann und arbeitet seit 15 Jahren als Rettungsassistent. In seinem Buch erzählt er von seinen spannendsten Fällen – wahre Geschichten, die uns die Facetten des täglichen Lebens und Sterbens näherbringen.«* bild.de

»*Seit vielen Jahren fährt Jörg Nießen Einsätze im Rettungswagen – bei aller Dramatik gibt es dabei auch viel zu lachen.«*
Westdeutsche Zeitung

WWW.SCHWARZKOPF-SCHWARZKOPF.DE

SCHWARZKOPF & SCHWARZKOPF

HERR DOKTOR ...!

SKURILE GESCHICHTEN AUS DEM ALLTAG EINES UROLOGEN
AMÜSANTE LEKTÜRE ÜBER KRASSE VORFÄLLE IN DEUTSCHEN KRANKENHÄUSERN

**HERR DOKTOR, DAS MUSS ICH MIR AUF EINER
SCHMUTZIGEN TOILETTE GEHOLT HABEN!**
UNGLAUBLICHE GESCHICHTEN AUS DEM LEBEN EINES UROLOGEN
Von Dr. med. Martin Anibas
208 Seiten, Taschenbuch
ISBN 978-3-86265-109-2 | Preis 9,95 €

»Er guckt ernst, liebt sein Fach und die Patienten. Aber er weiß die unglaublichsten Geschichten zu erzählen. Kuriose Sex-Unfälle, haarsträubende Ausreden. Urologie urkomisch!«   Express Köln / Berliner Kurier

»Einem Urologen ist nichts Menschliches fremd – heißt es. Und so hat Dr. Martin Anibas, 25 Jahre lang Chefarzt einer urologischen Klinik, so allerlei brüllend komische Anekdoten aus dem Krankenhausalltag im Gepäck. Von Hämorrhoiden, Darmproblemen oder Penis-Prothesen bis hin zu karriieregeilen Kollegen. Das Buch ›Herr Doktor, das muss ich mir auf einer schmutzigen Toilette geholt haben‹ ist ein Muss.«   OK! Magazin

»Es fließen Tränen. Das Zwerchfell steht bis zur letzten Seite unter Daueranspannung.«
Ostthüringer Zeitung

WWW.SCHWARZKOPF-SCHWARZKOPF.DE

SCHWARZKOPF & SCHWARZKOPF

DAS KLAVIER IN DEN FÜNFTEN STOCK, BITTE!

GESCHICHTEN, DIE SICH HINTER FENSTERN UND TÜREN, IN KARTONS UND SCHRÄNKEN SCHEINBAR GANZ NORMALER MENSCHEN VERBERGEN

**DAS KLAVIER
IN DEN FÜNFTEN STOCK, BITTE!**
MEIN LEBEN ALS MÖBELPACKER
Von Karsten Wollny
368 Seiten, Taschenbuch
ISBN 978-3-86265-112-2 | Preis 9,95 €

Als Profi-Möbelpacker weiß Karsten Wollny: Die wirkliche Herausforderung seines Jobs liegt nicht in der Muskelkraft, sondern im Fingerspitzengefühl.

Ein betuchter Kunde verlangt, dass die Möbelpacker ohne Schuhe arbeiten – damit das Parkett nicht zerkratzt. Skrupellose Hausbewohner legen den Fahrstuhl lahm (»Das ist kein Lastenaufzug!«). Im Umgang mit den kleinen Schikanen ihrer lieben Kunden sind Wollny und Kollegen geübt. Doch was soll man von der Oma im Rollstuhl halten, die allein im dunklen Bad abgestellt wurde? Und wie wird man einen hysterischen Gatten los, der sich mit aller Kraft an das Sofa klammert, mit dem sich seine Frau gerade aus dem Staub machen will?

»Das Klavier in den fünften Stock, bitte!« ist ein Buch voller witziger und kurioser Geschichten.

WWW.SCHWARZKOPF-SCHWARZKOPF.DE

DER AUTOR

Jörg Nießen wurde 1975 im Rheinland geboren. Zum Rettungsdienst kam er als Zivildienstleistender. Danach wurde er Berufsfeuerwehrmann in einer nordrhein-westfälischen Großstadt und lernte dadurch jede Facette des Lebens und Sterbens persönlich kennen. »Die Sauerei geht weiter ...« ist der zweite Teil seines erfolgreichen SPIEGEL- Bestsellers »Schauen Sie sich mal diese Sauerei an«, der sich über 150.000-mal verkaufte.

Jörg Nießen
DIE SAUEREI GEHT WEITER ...
20 neue wahre Geschichten vom Lebenretten
Illustrationen von Jana Moskito

ISBN 978-3-86265-060-6
© Schwarzkopf & Schwarzkopf Verlag GmbH, Berlin 2012
Vierte Auflage September 2012
Alle Rechte vorbehalten. Dieses Werk ist urheberrechtlich geschützt.
Jede Verwendung, die über den Rahmen des Zitatrechtes bei korrekter und vollständiger Quellenangabe hinausgeht, ist honorarpflichtig und bedarf der schriftlichen Genehmigung des Verlages.
Lektorat: Maren Konrad | Coverfotos: © Moritz Thau

KATALOG
Wir senden Ihnen gern kostenlos unseren Katalog.
Schwarzkopf & Schwarzkopf Verlag GmbH
Kastanienallee 32, 10435 Berlin
Telefon: 030 – 44 33 63 00
Fax: 030 – 44 33 63 044

INTERNET | E-MAIL
www.schwarzkopf-schwarzkopf.de
info@schwarzkopf-schwarzkopf.de